高职教师教学能力培养与创新团队建设

程 旭 姜晓坤◎著

吉林出版集团股份有限公司
全国百佳图书出版单位

图书在版编目（CIP）数据

高职教师教学能力培养与创新团队建设 / 程旭，姜晓坤著 . — 长春：吉林出版集团股份有限公司，2022.7
ISBN 978-7-5731-1797-7

Ⅰ.①高… Ⅱ.①程… ②姜… Ⅲ.①高等职业教育－教师－教学能力－师资培养 Ⅳ.① G715

中国版本图书馆 CIP 数据核字 (2022) 第 138675 号

高 职 教 师 教 学 能 力 培 养 与 创 新 团 队 建 设
GAOZHI JIAOSHI JIAOXUE NENGLI PEIYANG YU CHUANGXIN TUANDUI JIANSHE

著　者 / 程　旭　姜晓坤

出 版 人 / 吴　强

责任编辑 / 朱子玉

开　　本 / 787mm×1092 mm　　1/16

字　　数 / 160 千字

印　　张 / 8.75

版　　次 / 2022 年 7 月第 1 版

印　　次 / 2022 年 7 月第 1 次印刷

出　　版 / 吉林出版集团股份有限公司

发　　行 / 吉林音像出版社有限责任公司

地　　址 / 吉林省长春市福祉大路 5788 号龙腾国际大厦 A 座

电　　话 / 0431–81629663

印　　刷 / 三河市嵩川印刷有限公司

ISBN 978-7-5731-1797-7　　　　定价 / 68.00 元

前　言

21 世纪以来，党和国家已经充分认识到师资队伍建设在高等职业教育发展中的重要作用，认识到教师教学能力在提高教学质量，实现高职人才培养目标中的重要地位，制定了一系列行之有效的制度，大力加强师资队伍建设，不断提高教师教学能力。

当前，高等职业教育是一种重要的教育类型，它以服务发展为宗旨，以促进就业为导向，以培养思想政治坚定、德技并修、全面发展的适应生产、建设、管理、服务第一线需要的创新型、发展型、复合型高素质技术技能人才为根本任务，为我国社会经济发展做出了重要贡献。

发展高等职业教育，培养高素质的技术技能人才，关键是教师教学水平的高低。教师是学校核心资源和核心竞争力的关键，在如何提高人才培养质量，实现高等职业教育培养目标上已成为最主要的力量，其教育教学能力已成为最关键的要素。迫切需要研究和探索如何提高教师教学能力。

各高职院校应积极制订师资队伍建设规划和实施素质提升计划，加强师资队伍的建设，促进教师教学能力发展。从总体上看，高职院校师资队伍建设取得了一定成绩，教师教学能力也得到了提高，但由于高等职业教育在我国起步较晚，师资队伍建设的经验还不够成熟，特别是教师教学能力发展和团队创新能力提升路径还较欠缺，因而教师队伍建设及其教学能力发展还未能适应高职教育的迅猛发展。

在本书著作过程中，笔者得到了多位全国知名职业教育专家的指导，也参考借鉴了国内外学者的大量研究成果，在此对这些专家和学者表示衷心感谢。同时，由于时间及作者水平所限和研究有待进一步深入，本著作在论述中难免存在一些不足之处，真诚地希望读者对本书提出宝贵的意见和建议。

目　　录

第一章 高职青年教师教学能力发展的理论基础

第一节 能力研究的理论基础

高校青年教师教学能力发展是提高高校青年教师教学能力的重要前提，教学能力发展涉及教育学、心理学等方面的理论知识，我们以心理学能力理论、终身教育理论、能力发展理论等为理论基础，构建高校青年教师教学能力发展框架，为高校青年教师教学能力发展研究奠定理论基础。

一、能力概述

（一）能力的概念及特征

能力这个概念比较复杂，通常心理学上把能力看作是一种心理特征，是实现某种活动的心理条件。一个人在心理上具备完成某项活动的潜力和可能性，我们可以称其具备某种能力；同时他又能够通过完成某项任务或活动而展示出水平，又从他的行为表现出这种可能性，这也可以说他具备某种能力。我们认为能力包含了这两个层面，缺一不可。以教师教学能力为例，教学能力既包括教学内容相关的专业知识和理论，也包括通过教学过程展现出的教学水平。我们所说的教学能力就包括知识和技能两个层面，下面就对知识和技能进行详细的阐述。

（二）知识

1. 知识的内涵

一直以来，知识是哲学家、社会学家等十分感兴趣的话题。在古希腊，知识被认定为通往真理的途径，文艺复兴时期到现如今，知识逐渐变成了一种工具。知识的界定还是比较困难的。彭瑟（Purser）和帕斯默（Pasmore）

将知识定义为用以制订决策的事实、模式、基模、概念、意见及直觉的集合体。巴德荣克（Badaracco）将知识定义为从人类活动中所获取的真理、原则、思想及资讯。戴文波特（Davenport）根据知识被证实的、真的、被相信的三个特性，认为知识是一种流动性质的综合体，其中包括结构化的经验、价值及经过文字化的咨询，并且包括专家独特的见解，为新经验的评估、整合与资讯等提供架构。奎因（Quinn）认为知识是存在于专业人员身上的技能财产，可分为：实证知识、高级技能、系统认知、自我激励创造力等。哈瑞斯（Harris）认为，知识是资讯、文化脉络及经验的组合。日本学者野中郁次郎认为，知识是一种多元的概念，具有多层次的意义。知识涉及信仰、承诺和行动等。知识可以分为外显知识和内隐知识。

宋太庆在《知识革命论》中从广义、狭义和特定的知识论三个方面介绍了知识的定义：广义上，知识是人类社会实践活动的经验总结，也是人类社会包括人工环境、人工智能所创造的一切经验形态、智慧形态、智能形态的总和。狭义上，知识是人类社会实践创造活动的产物和再生物，是一切思想体系、理论体系、工具体系和逻辑体系的综合。特定知识论认为，知识就是数字、符号；知识就是人类社会思想信息进行传输、存储、生产、交换、使用、消费和创意的数字符号系统。综合而言，知识是经验、信息、工具、逻辑和思想创意的数字符号系统。

综合这些概念来说，我们可以将知识理解为其一个属性是可以被证实的、真的、被相信的，经过实践验证的，被传播的数字符号系统。然而知识还有另一种属性，就是奎因所说的可以是一种技能财产，比如实证的知识、高级技能等，也就是说知识将静态的数字符号系统变成动态的综合体，可以作为能力看待。例如，法国哲学家 Lyotard 总结人类发展时候，对知识的定义是人们使用知识一词不仅是指全部指示性陈述，这个词还掺杂着做事能力、处事能力、倾听能力等含义。

2. 西方心理学知识观

（1）陈述性知识（declarative knowledge），即狭义的知识。它是表示事实性知识，用来回答事物"是什么""为什么""怎么样"的问题。

（2）程序性知识（procedural knowledge），也叫操作性知识。它是表示在认知活动中如何操作的知识，主要用来解决"做什么""如何做"的问题。

（3）策略性知识（trategic knowledge），是关于如何学习、如何思维的知识，是关于如何使用陈述性知识和程序性知识去学习、记忆、解决问题的一般性方法，包括认知策略和元认知策略。

3. 知识的分类

（1）从知识的来源上看，知识分为生产实践知识、社会实践知识和科学实验知识

从哲学角度来讲，知识分为理性知识和感性知识；从学科角度来讲，知识包括科学知识与人文知识；从哲学的角度来理解，知识是对事物属性与联系的认识。表现为对事物的直觉、表象、概念、法则等心理形式。所谓知识，就它反映的内容而言，是客观世界在人脑中的主观映像；就其反映活动的形式而言，有时表现为主体对事物的感性直觉或表象，属于感性知识，有时表现为事物的概念或规律，属理性知识。

（2）俄亥俄州立大学的分类法

美国俄亥俄州立大学教授陶尔士（Towers）、陆克斯（Lux）和雷（Ray）等人将人类知识分类成描述性知识、规范性知识、实践性知识与形式性知识四大领域。描述性知识（deive knowledge）是描述现象或事件的知识，此种知识用以追求及建立现象或事件的事实，物理、化学、生物和社会等科学知识就属于描述性知识；规范性知识（preive knowledge）是判断现象或事件适切性、好坏、美丑的知识，此种知识用以追求现象或事件的价值与信念，哲学、文学、美术、音乐等知识就属于规范性知识；实践性知识（praxiological knowledge）是对现象或事件采取合宜行动、实践，此种知识用以追求有效的应用行动，医疗、新闻等知识就属于实践性知识，职业技术教育所探讨传授的知识也属于实践性知识；形式性知识（formal knowledge）是统整所有知识的知识，数学、语言及逻辑等知识就属于形式性知识。

（3）OECD 的知识四分法

know-what：是指认知知识，类似于一个刚刚毕业的大学生拥有的各种知识。

know-how：代表了将书本知识转化为实际结果的能力。

know-why：代表着对知识系统的理解，这些知识使个人超过 know-how 的水平，形成利用知识的卓越能力。

care-why：是指创造力知识，是知识的最高层次。

（4）知识表述方式分类法

日本的野中郁次郎和竹内弘高教授在他们合著的《创造知识的企业》书中，提出了显性知识和隐性知识（见表 1-1）。

表 1-1 隐性知识与显性知识的比较

知识类别	隐性知识	显性知识
根本区别	主观的	客观的
具体特点	难以用图文记录和传播的知识	可以用图文记录和传播的知识
	经验的	理性的
	即时的	顺序的
	身体的	思维的
	模拟的	数字的
	实践的	理论的

显性知识（explicit knowledge），是指经过人的整理和组织以后，可以编码化和度量，并以文字、公式、计算机程序等形式表现出来的知识。显性知识是有物质载体的，是可知的。

隐性知识（tacit knowledge），是与人结合在一起的经验性知识，很难将其文字化或公式化，本质上是以人为载体的，因此很难通过常规方法收集到，不易用语言表达。隐性知识往往是个人或组织经过长期积累而拥有的知识，不可能传播或传播起来非常困难。

（三）技能

1. 技能的概念及内涵

我们一般将技能理解为通过练习而形成的合乎法则的活动方式。如跳舞、打算盘、做体操、游泳、实验、操作电脑等。《辞海》将技能定义为运用知识和经验执行一定活动的能力。《教育词典》把技能定义为通过学习重复和反省而习得的体能、心能和社会能力。《心理学大词典》把技能定义为个体运用已有的知识经验，通过联系而形成的智力动作方式和肢体动作方式的复杂系统。

还有研究者认为，技能是行为和认知活动的结合。斯诺（Snow）认为，技能是与行为及认知有关的事项的结构系列组成的。

也有认知主义者在广义的知识观中将技能归为知识范畴，动作技能、智慧技能、认知策略被认为是不同形式的程序性知识。

综合几种技能的概念理论，我们将技能看作是运用知识和经验执行一定活动的能力。

技能通常是在一定实践性知识获取的基础上，经过后天学习和练习培养而成的智力或动手能力，是我们持续运用和依靠的技能。

一般认为，技能按照性质和特点可分为智力技能和动手操作技能，前者是在头脑中对事物进行分析、综合、思维抽象、概括等的智力活动；后者是指由大脑控制机体运动完成的活动。实践技能是指经过后天学习和练习培养而成的动手能力，是我们持续运用和依靠的技能。这些技能是可迁移的，比如教学、演说、组织、设计、安装、计算、分析、决策、维修等。

2. 能的分类

（1）根据主体的活动方式分类

根据主体的活动方式，技能可分为智力技能和动手操作技能，前者是在头脑中对事物进行分析、综合、思维抽象、概括等的智力（思维）活动；后者是指由大脑控制机体而完成的一系列活动方式。动作技能又称为运动技能，是由一系列合乎法则和外观的肌肉运动组成的、顺利完成任务的动作方式，如使用工具等。动作技能主要是借助于骨骼、肌肉和相应的神经过程来实现的。心智技能是指借助于内部语言在头脑中进行的智力活动方式。心智技能是通过学习而形成的。心智技能包括感知、记忆、想象和思维等认知因素，是一种按照客观的、合理的、完善的程序组织起来的认知活动方式，是一种内隐的智力操作，没有明显的外部动作。

（2）根据技能的性质分类

根据技能的性质，技能可分为可迁移技能与不可迁移技能。可迁移技能：主体所做的维持生活运转的事情。通常使用行为动词来描述它们。例如，组织、计划、装配、修理、调查、操作，它们可以迁移到许多工作中。专业技能和适应性技能都是不可迁移的技能，需要个体通过知识的学习和积淀，慢慢积累形成。

（四）能力、知识与技能的关系

知识是人脑对客观事物的主观表征，是活动的自我调节机制中不可缺少的构成要素，也是能力基本结构的不可缺少的组成成分。技能是人们通过练习而获得的动作方式和动作系统。技能直接控制活动的动作程序的执行，是活动的自我调节机制的重要组成，也是能力结构的组成成分。知识和技能是能力的基础，并不等于能力，只有那些能够广泛应用和迁移的知识和技能，才能转化为能力。通过知识和技能的获得形成和发展成为能力，知识和技能的积累也会不断提升人的能力，从一个人掌握知识和技能的速度及质量来看，能够了解能力的大小。

高校青年教师教学能力包括教学知识和教学技能两个大的因素群。高校青年教师的教学知识是指那些已经证实的、确真的、获得共识的数字符号系统，包括显性知识和隐性知识。显性知识包括感性知识和客观规律性知识。也就是教学知识包括教学是什么，教学的意义与价值，教学中师生关系等感性认知，还包括教学的规律、教学主客体、教学论等客观规律性知识，这些是显性的，可以用图文、记录和传播的。还有一种隐性知识，是经验的、模拟的、体验的、实践的知识，是已经内化在个体主观意识中的一种知识，这种知识迁移难度最大，但如果在不掌握这种知识的情况下开展行动，这种行动仅是简单的模仿，难以推广和辐射。我们举个例子，比如，当前学习汽车驾驶技术，由于教练员有多年的驾驶经验，在头脑中已经内化出许多隐性知识来指导学员驾车实践。但在他们教授新学员的时候，他们不能将这些隐性知识很好地展示出来，新学员便只是模仿教练的操作行为，并没有获得隐性知识来指导行为。因而，学员通过考试之后还需要经过长时间的操作练习，自己提炼出隐性知识，内化成自己的知识，进一步指导实践。青年教师能力发展中关于教学技能的隐性知识也是如此，如果不能获得教学技能相关的隐性知识就会对教学实践不利，更不利于教师整体教学水平的提高。青年教师能力发展中教学技能包括通过培训、微格、后天练习、训练等获得的实践技能，另外，还有一种教学技能是教师个体通过知识的学习和积淀，慢慢积累形成的。

二、能力结构理论

我们研究高校青年教师教学能力发展，首先必须明确青年教师教学能力是什么，包括哪些因素或者具备何种结构。我们主要借鉴能力因素说和能力结构理论，分析高校青年教师教学能力的结构框架及要素，以此为研究基础开展研究。下面把相关能力理论进行梳理。

（一）能力因素理论

从西方心理学理论来说，具有几种不同的能力因素理论，其中比较经典的是斯皮尔曼（Spearman）的二因素说、桑代克（Thorndike）的三因素说、瑟斯顿（Thurtone）的群因素论。

1. 斯皮尔曼的双因素说

英国心理学家斯皮尔曼对人们完成智力作业时成绩的相关程度进行研究，提出了能力二因素说，一种是普遍因素，简称为 G 因素，也就是人的基本心理潜能；另一种是特殊因素，简称为 S 因素，是保证人们完成某些特定作业或活动所必需的能力。普遍因素和特殊因素结合起来组成了人的智力，活动中包括的 G 因素越多，各种作业成绩的正相关就越高，而 S 因素越多，成绩的正相关就越低。

2. 桑代克的三因素说

美国心理学家桑代克是第一个以多因素来解释智力的人，提出可能有三种智力：抽象智力（abstract inteligence），包括心智能力，特别是处理语言和数字符号的能力；具体智力（concrete intelligence），也就是一个人的处理事物的能力；社会智力（social intelligence），是处理人与人之间相互交往的能力。为了测量抽象智力，桑代克设计了 CAVD 智力量表，通过填空补缺、算数、词汇、执行指示来测量抽象智力。

3. 瑟斯顿的群因素论

群因素论又称为基本心理能力论（primary mental abilities），美国心理学家瑟斯顿凭借多因素分析方法，提出基本能力学说。他认为个体的智力可分为几种基本能力因素，包括七种平等的基本能力，即语词理解、语词流畅、数字运算、空间关系、联想记忆、知觉速度、一般推理。

（二）能力结构理论

一些研究者认为能力包含着多种成分的复杂结构，如吉尔福特（Guilford）的能力结构理论和阜南（Vernon）的层次结构理论。

1. 吉尔福特的能力结构理论

吉尔福特将智力分为内容、操作和产物三个维度。内容包括听觉、视觉、符号、语义、行为（本人及别人的行为）；操作是指智力活动的过程，其中包括认知（理解、再认）、记忆（保持）、发散思维、聚合思维、评价。产物是指运用上述智力操作所得到的结果，表现为关系、转换、系统和应用。

2. 阜南的层次结构理论

英国心理学家阜南提出智力层次结构理论，认为智力是按照层次排列的，智力的普遍因素是第一层次；第二层次分为两个大因素群，分别为语言和教育方面的因素，机械和操作方面的因素；第三层次为几个小因素群；第四层次就是指各种特殊因素。

（三）能力信息加工理论

1. 智力三元理论

美国心理学家斯腾伯格（Sternberg）提出智力三元理论，包括智力成分亚理论、智力情境亚理论和智力经验亚理论。

智力成分亚理论认为智力包括元成分、操作成分和知识获得成分及三个成分的相应三种过程。元成分是用于计划、控制和决策的高级执行过程；操作成分是指接受刺激，将信息保持在短时记忆中，负责执行元成分的决策；知识获得成分是指获取和保存新信息的过程。

智力情境亚理论是指智力是获得与情境拟合的心理活动，也就是有目的的适应环境、塑造环境和选择新环境的能力。

智力经验亚理论是指智力包括处理新任务和新环境时所要求的能力，以及信息加工过程自动化的能力。

2. 智力 PASS 模型

戴斯（Das）等提出了智力 PASS 模型，是指计划—注意—同时性加工—继时性加工，提出三级认知功能系统中包含了四种认知过程。三个系统分别为注意系统、同时加工—继时加工系统、计划系统，三个系统的协调合作，彼此有一种动态联系，形成相互联系的系统，系统的协调合作保证智力活动的运行。

（四）多元智力理论

美国心理学家加德纳（Gardner）提出了多元智力理论，他认为人的智力的内涵是多元的，由七种相对独立的智力成分所构成。七种相对独立智力分别为言语智力、逻辑数学智力、空间智力、音乐智力、身体运动智力、社交能力、自知能力。言语智力包括阅读、写作或日常会话能力；逻辑数学智力包括数学运算、逻辑思考能力；空间智力包括认识环境、辨别方向的能力；音乐智力包括对声音辨别与韵律表达的能力；身体运动智力包括支配肢体完成精密作业的能力；社交能力包括与人交往且能和睦相处的能力；自知能力包括认识自己并选择自己生活方向的能力。

三、高校青年教师教学能力框架

教学能力是高校教师进行教学和组织教学的能力，是高校教师最基本的能力。我们借鉴心理学的能力理论，根据教师教学能力的特点，构建高校青年教师多层次的教学能力结构框架。

（一）教学能力

教学是动词，是把知识或技能传给他人，是教师教和学生学所组成的一种人类特有的人才培养活动。教学能力是教师为了达到教学目标，在从事教学活动中所表现出来的一种心理特征。而从教学行动本身来看，教学是教师与学生的一种互动，最终目标是学生获得知识和提升素质。

（二）教学能力结构理论

目前，我国已有一些研究对教师教学能力结构进行分析。薛天祥指出，教学能力包括教师教学预见能力、教学实践能力、教学表达能力、教育机制。康锦堂将教学能力分为教学表达能力、教学组织能力、教学操作能力和教学研究能力。陈永明认为，教学能力包括教学设计能力、教学语言表达、课堂组织与管理能力、运用现代教育技术能力和教学测量与评价能力。周川认为，教师教学能力主要包括教学设计能力、教学实施能力、学业检查评价能力，还应具备终身学习能力、反思教育能力、基于网络资源的教育能力、激活创造性的能力、心理辅导能力。张大良等分别从三个角度来阐释青年教师教学能力结构，从教育学角度来看，主要包括教学设计能力、教学实施能力、教学研究能力；从心理学角度来看，主要包括教学认知能力、教学操作能力和教学监控能力；从社会学角度来看，主要包括教师的沟通能力、终身学习能力、心理辅导能力、适应国际化和信息化的能力。王艳等认为，高校教师教学能力应体现在教材转化能力、教学研究能力、教学创新能力、科研成果的转化能力。

（三）教师教学能力结构

我们综合吉尔福特、阜南和加德纳的能力理论，构建分层次的教学能力结构。

我们根据阜南的层次结构理论，将教师教学能力分为四个层次，普遍因素、大因素群、小因素群和特殊因素群；再根据吉尔福特的能力结构理论和加德纳的多元智力理论，对各个层次的教学能力进行因素细化。普遍因素是最高层次，第二层次包括知识、操作与机械两大因素群，第三层次为小因素群，包括教学与认知、言语与逻辑、行为与控制、关系与结果四组小因素群，第四层次是特殊因素。我们就将其作为教师教学能力结构框架。

第二节 高职青年教师教学能力发展的理论基础

一、终身教育理论

朗格朗在《终身教育引论》中提出终身教育的概念，终身教育是未来发展的重要战略。人们要真正学会学习，在任何学习过程中，不能将重点放在局限、刻板的内容上，必须着眼于理解的能力，吸收和分析的能力，把学得的知识加以条理化的分析，应付自如地处理抽象与具体之间关系和一般与特殊之间关系的能力，把知和行联系起来，以及协调专业训练与学识广博的能力。

终身教育的原则是要保证教育的连续性以防止知识过时，在终身教育的体制中，必须改变教师的作用。教师作为知识的传递者所发挥的作用的重要性和影响力都将消失，因为很大程度上技术媒介发挥了知识传递的作用，然而这必然会加强教育者的作用。学生是一个有自己个性、具有社会学意义的人。教师必须有深厚的理论储备和丰富的实践经验，包括普通心理学、智力等方面的内容，只有这样，才能完成终身教育时代的任务要求。

每个教师，都有自己的价值观念体系和衡量事物的标准。教师既要具有良心又要具备能力，良心一方面是理智上承担或对事物状况的认识，另一方面是道德上承担或对于由不同方式行为所产生全部后果的责任承担。但能力也是必需的，必须要明确认识所要达到的目的，传递信息的方式，哪些对人性是好的，哪些是坏的，哪些是有益的，哪些是有害的。

因此，高校青年教师教学能力发展必须坚持终身教育的理念，教师要具有学习能力，要教会学生"如何学习"，培养学生更好地适应社会发展。

二、教师专业化发展理论

当前，国内外有比较丰富的教师专业发展理论，可以用以借鉴作为教师教学能力发展的理论基础。

（一）教师专业发展阶段论

国外对教师专业发展的阶段有比较多的研究。包括福勒（Fuller）、凯兹（Katz）、伯顿（Burden）、休伯曼（Huberman）等。福勒提出教学关注理论，福勒认为师范生成长为专业化教师分为四个阶段：任教前关注阶段、早期生存关注阶段、教学情境关注阶段、学生关注阶段。凯兹将教师发展分为四个阶段，包括生存阶段、巩固阶段、更新阶段、成熟阶段。伯顿的教师生涯发展论指出，教师专业发展包括生存阶段、适应阶段、成熟阶段。费斯勒（Fessler）提出教师生涯论，把教师专业发展划分为职前教育阶段、入门阶段、能力建立阶段、热心和成长阶段、生涯挫折阶段、稳定和停滞阶段、更新生涯阶段、退出生涯阶段。休伯曼将职业生涯规划归为任职期、稳定期、实验和重估期、平等和保守期、退出教职期。

（二）教师效能感（能力的信念）理论

教师的信念研究主要是 20 世纪 90 年代逐渐成熟起来的。研究者开始从教师教与学的本体论转向对教师个体意义的建构研究。我们主要将教师能力信念的理论作为教学能力发展的理论基础。教师能力的信念又称为教师效能感，包括教师教学效能感和集体效能感。教师教学效能感来自美国心理学家班杜拉（Bandura）的自我效能理论。班杜拉认为，人的动机受自我效能感的影响，是指人对自己能否成功进行某种成就行为的主观推测和判断，它包括结果预期、效能预期。教师教学效能感与教师管理学生和课堂教学信念有关，教师的教学效能感是"环境—主体—行为"相互作用的结果。

（三）教师专业学习影响因素理论

美国学者戴依（Day）认为影响教师专业学习效果有个体特征因素，包括个体教师的经历、职业发展阶段，还有政府和媒体等外部特征因素，以及学校文化、学校领导、结构支持条件等。建构主义提出情境—协作—会话—意义建构教师学习理论。对于教师学习，要从未来职业需求出发，以"教师"身份进入真实有效的教学境地。

澳大利亚自然连贯主义发起人埃沃斯（Evers）指出：直到现在，我们仍然无法解释领导者如何学习领导和如何通过恰当的预备计划培养出专家管理者等问题。知识如何在结构不同的情境中进行传递的问题也使研究者陷入冥思苦想。

管理者能够发现自我的实践情境深刻地影响着管理实践知识的发展。实践中，一方面存在着对情境性质的错误理解，另一方面存在着对于消极获取与积极获取知识种类的误解。抽象的知识可能意味着学习者自身的经验与所学的知识相距甚远，也就是说，其先前所具有的管理认知模式与其在培训中所学到的模式是不同的。这里重要的观点不在于知识是否以抽象的形式被传授，而是学习者彼此不同的认知神经网络、神经元细胞缺失等因素使得激活从前的认知模式变得很困难或根本不可能。情境也不是推动或阻碍学习的决定因素，而是一种客观存在的恰当的"连贯力"，可以激活大脑中所需的认知模式。基于此，恰当的培训实质上就是将所学的知识在理论情境与实践情境之间进行转化的问题。

自然连贯主义描述了大脑获得记忆的过程，声音通过耳朵的各个部分将信号通过机械刺激转化为神经细胞的神经冲动，为了获取信息，神经末梢的基因图谱会留下痕迹，这些痕迹使人获得记忆。通常的管理者培训就是通过耳朵和眼睛来接受外界刺激和信号的过程，认知心理学的材料加工理论认为，如果外界能够给个体不同器官提供多方面的刺激，就能够有利于大脑加深基因图谱的痕迹，通过声音和光线接受的刺激留下的基因图谱和其他器官接受刺激留下的图谱相互联结，这样可以加强个体对刺激的接受程度。理论研究者通常是将实践内容用语句进行表达，试想一下，"你走到冰箱那里，找到冰箱旁边那个柜子，到柜子最右面找出一个杯子"，这是对一个简单行为的表达，接受这句话的人要通过文字符号来形成信号，接受这一信息，理解之后，按照句子的意义试探性地操作。那么，如果换一个比这个复杂的句子，接受起来势必会带来困难和错误。这与你设计一个有着冰箱和柜子的情景，告诉他去冰箱旁边那个柜子，到柜子右边，找出一个杯子相比要复杂得多。因为后者声音的刺激与眼睛接受光线的刺激同时进行，很容易理解表达中的含义。

自然连贯主义者提倡使用一种"认知学徒"的培训模式，一种自然的学习模式。认知学徒模式是"以问题为本"的教育管理培训模式，将纷繁的现实生活问题作为在根本上改变了的教学环境下的学习活动的起点，这种认知学徒模式能使学生学习技能，思考其角色的定位和专业规范。以问题为本的基本信条是"先问题，后学习"。自然连贯主义者指出，逻辑、数学处在信念之网的中心，价值、道德与信念同样存在于这信念之网当中，这些都是指导管理者行为的关键。而对于管理者的逻辑、思维、价值、道德、信念的培训，不可以与原来的培训模式相同。原有的培训方式多数是为了让管理者听课、看理论、背理论。然而，这并不能有利于管理者掌握理论的内涵。他们认为在这种"情境"中学习，被培训者被看作自主的学习者，这种模式结构设置重点在情境研究而不是具体内容的研究，培训中分散了培训者的任务，培训者并不处于中心地位，而是通过常常不为我们所强调的教学过程的两个方面——准备丰富的资料及为每个学习者提供个别化的反馈，将负担转移到被培训者自我思考、认识上去，使其能够独立思考问题。同时，利用信息技术及计算机程序来实现这种培训理念是未来的发展趋势。

（四）教师专业发展中的关系理论

在高校教师专业发展实践中，人们通常更加重视教师学术水平和教学技能，强调教师的理性发展，却往往忽视对教师的非理性、个性化、多元性的关注。事实上，应当更多地关注教师的非理性与多元化发展。正如奥斯本（Osborn）所指，有效的教学和学习必然是感情性的，师生之间人际关系的质量对学习过程具有非常重要的影响。诺丁斯（Noddings）提出关系理论，认为关心是一种关系，是以关心为中心，而不是以人为中心。在教育的过程中要关注学生成长的方方面面，增加对学生精神发展的关注，来促进学生成长。这也就意味着，要专注教师在专业发展中的情感因素，培养与学生之间融洽、和谐的关系。特别是，教学是发生在教师与学生之间的一种交互行为，教师的情感直接影响教学效能，教师情绪不佳会影响教师对教学付出的精力，影响教师对职业的投入程度，影响教师的专业发展。

在教师专业发展的关系理论中，除了教师情感，还要特别关注教师合作，富兰（Fullan）认为教师的专业合作在教育改革中起到关键的作用。符号互动论指出，社会是一个沟通系统和人际关系系统，在教育中，有意义的学习必须是与他人互动的，教学更是如此，教学需要教师与学生之间的充分互动，是教师与学生不断交往、合作的互动过程，是教师借助语言手段，自己习得社会规范、学校文化和教师文化等有意义的符号，然后形成自己的价值观念、信念、行为规范和行为模式。同时，可以使学生能够习得社会规范、学校文化及知识技能等。圣吉（Senge)提出了学习型组织理论，该理论强调系统思考、自我超越、心智模式、共同愿景、团队学习五项核心内容。教师在专业发展的过程中要不断学习，相互学习，相互合作，来确保学校作为学习型组织的生命力。

（五）基于实践的教师专业发展理论

基于实践的教师专业发展理论是由保尔（Ball）和科恩（Cohen）提出的，他们将教学定义为必须通过实践来学习的专业。离开大量专业话语的习得及实践群体参与，是不可能充分发展专业教育的。他们对专业教育提出基本要求，包括如何更好地实践是专业教育的基础；实践学习包括知识、技能和个人态度；需要利用成熟的可检验的专业分析工具来引导探究如何教教师。他们认为必须要发展一种更实用的实践语言，教师必须要通晓以复杂性和现实性为中心的教学理念。

法尔（Farr)借鉴保尔和科恩的理论，将教学视为一种领导力，力图选择、发展和培训课堂的领导者，将"实践理念"融入教师教育的内容和教学法中。教师的教学能力主要是在实践过程中进行能力迁移。

1.能力迁移

布鲁纳（Bruner）指出迁移可以分为两类：一类是特殊迁移，这是习惯和联想的延伸，主要是动作技能、机械学习的迁移；另一类是非特殊迁移，即原理和态度的迁移。

技能迁移叫作具体迁移，也叫作特殊迁移，指一种将学习中习得的具体的、特殊的经验直接迁移到另一种学习中去，或经过某种要素的重新组合迁移到新情境中。如，乒乓球运动学习中，推挡动作的学习可以直接迁移到左推右攻这种组合的动作学习中去。

关于解决问题，无论是象棋大师还是物理学家，在解决问题的时候都表现出积极的迁移——在一个新的问题情境中利用已有的信息解决问题。他们解决新问题的共同特点：把新问题规划为某一特定的问题类型；在头脑中形成有关问题的直观表征；利用自己熟知的解决问题的路线解决。他们用问题图示来解决问题，一旦发现对新问题形成的表征与他们长时记忆中的问题图示相符，问题便迎刃而解。

布鲁纳的动作技能目标指出，动作技能有知觉、模仿、操作、准确、连贯和习惯化六种。知觉指学生通过感官，对动作、物体、性质或关系等的意识能力，以及进行心理、躯体和情绪等的预备调节能力；模仿指学生按照提示要求行动或重复被显示的动作的能力，但学生模仿性行为经常是缺乏控制的；操作指学生按提示要求行动的能力，但不是模仿性的观察（按照指示表演或练习动作等）；准确指学生的练习能力或全面完成复杂作业的能力。学生通过练习，可以把错误减少到最低限度（如有控制地、正确地、准确地再现某些动作）；连贯指学生按规定顺序和协调要求，去调整行为、动作等的能力；习惯化指学生自发或自觉地行动的能力，经常性的、自然和稳定的行为就是习惯化的行为，也就是学生能下意识地、有效率地进行各部分协调一致的操作。

冯忠良认为，技能的学习是通过学习或练习，建立合乎法则的活动方式的过程，有心智学习与操作技能学习两种。技能的学习比知识的学习更为复杂，不仅包括对活动的认识问题，还包括活动或动作的实际执行问题。不仅要知道做什么、怎么做，同时还要能够实际做出动作。技能学习最终要解决会不会做的问题。

2. 练习

操作技能是通过操作定义、模仿、整合和熟练四个阶段的学习形成的。大量的实验证明，通过不同形式的练习，个体可以掌握技能。过度练习对于操作技能学习来说是必要的。过度学习指过度练习或过度训练，即实际练习时间超过达到某一操作标准所需的练习时间。过度练习并非越过量越好，太过量的练习会使个体产生疲劳、兴趣消失、错误动作定型化等。

过度练习要采用正确的练习方式，集中练习和分散练习。对于一个连贯的任务来说，分散练习优于集中练习；对于一个不连贯的任务来说，集中练习优于分散练习。

（六）教师专业的学习理论

1. 双环学习理论

在培养教师专业发展的过程中，要提高教师的学习能力。贺伯（Huber）将组织学习看作是组织透过信息处理导致其潜在行为的改变。组织学习主要是为了改善知识技能，将所得知识有效分享、转移、应用，以此来提升组织解决问题的能力。可以这样理解，组织主要是通过个人的学习行为开展学习的。凡是组织都是由许多人构成的，组织学习是以组织成员的个别学习经验为基础，通过组织学习将个人的经验与行动进行整合。阿吉里斯（Argyris）和雄恩（Schon）认为，组织学习是成员透过错误检测与校正，使组织适应环境变迁，并增进效能的过程。那么，重要的不仅是我们意识到要加强学习的问题，而是要知道如何学习。

阿吉里斯提出一个比较经典的行为理论框架。他认为，行为理论是研究人类行为的理论，对行为主体来说，是一种控制理论，但是在应用于行为主体时，也能解释或预测其行为。最重要的是，他指出当前共有两种理论，那就是信奉理论和使用理论。人们通常根据使用理论采取行动，而不是信奉理论。行动主体如果不接触另外一种理论，并据其采取行动，就无法发现其原有理论是错误的。阿吉里斯指出，使组织实现卓越，有能力和公正是比士气、满意度和忠诚度更为现实的基石。学习作为第一基石，决定了如何发现错误并改正错误，尤其是那些复杂的、令人困窘且有威胁感的错误；能力意味着以某种方式解决问题，这种方式使解决了的问题不再出现，并且还有助于提高今后组织解决今后问题的能力；公正是以一套价值观和规则为基础，这里是指保持健康的价值观和规则，对于组织内所有人员而言，无论其职位高低人人皆适用。他指出，人的大脑中，有两种程序，一种是指导人们日常生活的信仰和价值观——信奉理论，另一种是指导人们信仰的实际准则——实用理论。由于信奉的信仰和价值观不同，他提出Ⅰ型和Ⅱ型两种实用理论。Ⅰ型实用理论是人们用以避免面对胁迫、单方面控制局面的回避型策略理论。这一理论主要是出于习惯性的组织防卫行为，防止个体受到他人的质疑和反对。Ⅱ型实用理论主要是建立在人与人之间的充分学习、交流、沟通的基础上，在行动中采取推销和劝说的策略，是参与型策略理论。从学习的角度来说，前者通常会产生单环学习，单环学习类似于恒温器，它就是一个典型的单环过程。它首先检测周围温度是过高还是过低，然后通过打开或关闭加热器来调整周围温度。单环学习强调在既定的组织目标、政策规范下，整合行动与结果间的关系，并联结手段与目标间的关系。学习重点就是要检视组织的整体环境，并发现错误所在。单环学习解决的是表面问题，解决不了最重要的根本问题。

而后者是通过双环学习产生的，双环学习强调在单环学习的基础上，根据组织的意图重新修整目标、政策法规，使其能够适应外在环境变动的适应能力。双环学习减少误解、差错和自我实现的预言及自我封闭过程，通过鼓励与他人的交流和沟通，从单边的控制转向参与承诺。双环学习能够增加教师的讨论和沟通，促进教师之间的合作学习，使个体之间的观点和态度更加明确，从而减轻组织防卫。

从教师教育发展现实看，学校教育中一直存在着组织防卫的现象。对于教师参与决策的行动来说，尽管校长是鼓励和支持教师参与决策的，但是当教师参与学校领导决策时，会被认为质疑管理层的特权，特别是当每个人的意见不一致而又都坚持己见时，学校领导很可能不理会教师的决策意见，为了防止错误升级，忽略教师的意见。另外，教师会由于校长职位的特点，而很少提出重要的意见。因此，教师的决策通常对学校领导和学校改革起不到多大的作用。在学校改革中，采取双环学习的方法，通过沟通、反思和对话避免组织防卫，从而可以提升教师的学习和决策能力。

2. 反馈

反馈在操作技能学习过程中的作用非常关键，技能学习的反馈一是来自自己内部的反馈，即操作者自身的感觉系统提供的感觉反馈；二是外部反馈，即操作者自身以外的人给予的反馈。以大学生为例，大学生本人在技能学习的过程中总结经验，定期向自己反馈信息，完善自己的知识结构。同时，大学生可以采用360度反馈评价法，让同学、教师对其技能学习情况进行评价，完善其技能。

三、高校青年教师教学能力发展研究框架

我们根据前面的分析，构建高校青年教师教学能力发展研究框架，青年教师教学能力发展就是通过各种手段提升青年教师教学能力。青年教师首先应该具备知识分子所应该具备的一般因素，比如感觉、知觉、正规学历水平、身体健康等。接着是第二层次的大因素群。青年教师教学能力包括知识和技能两个大因素群，前面我们已经对知识进行了分类，知识可以分为显性知识和隐性知识。我们认为教师教学方面的知识包括教学理论、教育学原理等陈述性的知识，但还有一些教学理念、教学价值观等属于隐性知识，是由教师通过反思提炼出来，融入头脑和思想中的。知识的大因素群又分为教学认知与理解、言语与逻辑两个小因素群。教学认知与理解小因素群包括教学目标、教学理解、教学态度、敬业精神等。在青年教师教学能力中，态度非常关键，要热爱教学，具有较强的敬业精神、端正的教学态度，有明确的教学目标，围绕教学目标开展教学。除此之外，教师的言语与逻辑能力是教学的重要部分，要具有阅读与写作能力，能够与学生流畅地交谈，具有良好的逻辑思维，能够很好地进行逻辑思考。

第二层次大因素群的另一个要素就是操作与技能，这个要素又下分为行为与控制、关系与结果两个小因素群。行为与控制在教师教学能力方面尤为重要，它主要包括教学设计、内容表达、自主学习、课堂控制四个特殊因素群。教学设计是指教师根据教学的大纲及教学的内容，设计教学方案、教学过程，设计多样的教学环节，来提高学生的关注度和学习效果。内容表达是体现青年教师的教学语言技能、板书技能、讲评技能和演示技能等，通过形

体语言、面部表达、书面表达、语言表达等各种方式，将教学内容清晰、完整地向学生进行表达。在教学过程中，青年教师必须要具备较强的学习能力，能够通过各种媒介渠道学习教学理论，开拓教学视野，与同行教师相互学习。在行为与控制中，青年教师的课堂控制能力还不够丰富，必须要具备课堂控制能力，才能够很好地将学生引入自己设计的教学情境中来，师生共同学习，共同成长。同时，青年教师要具备很好的课堂控制能力，面对突发的情况，能够随机应变，处理好课堂问题。关系与结果的小因素群，包括师生关系、教学评价、反思重构。师生关系是青年教师教学能力的一个重要方面，青年教师的教学经验还比较少，对教学职业还没有充分的认识，对个人定位通常还不够准确，因而与大学生之间的关系还存在比较模糊的印象，是形成一个师长的形象，还是建立一种朋友的关系，这对于高校教师教学而言非常重要。当前，高校教师通常是教完课就离开学校，与学生之间缺少更多的时间、更多的机会交流，没有建立起一种亲密的师生关系，这对于教学来说是有缺陷的。高校青年教师应当具备处理好师生关系的能力，这是教学能力的重要组成部分。教学评价能力对于高校青年教师教学能力发展来说非常重要，青年教师需要通过自评、互评，通过形成性评价、总结性评价对近期或者一段时期的教学过程、教学效果进行客观的分析，提炼出教学存在的问题，特别是能够详细地记录相关的数据，为教学效果改进做准备。除此之外，青年教师要具备反思重构能力，在客观的评价数据基础上，认真分析自身存在的能力缺陷及教学设计、内容、效果等问题，最后在反思的基础上，提升教学能力、对教学实践进行重构。

第二章 高职院校教师教学能力的本质与特征

高等职业教育以服务发展为宗旨，以促进就业为导向，是培养生产、建设、管理、服务第一线需要的高素质技术技能型人才的类型教育，其教师素质、教学开展及教师教学能力具有明显特色性，这对高职教师教学与能力提出了更高的要求。

第一节 高职院校教师素质与教学能力综述

高职教师素质是师德水平、知识水平和能力水平的综合体现，是开展职业活动的前提和有效教学的基础。高职教师教学能力是完成教学活动的智力智慧、个性心理和发展特质，是直接或间接影响教学活动质量和效率的关键。

一、高职教师素质

"素质"一词本是生理学概念，指人的先天生理解剖特点，主要指神经系统、脑的特性及感觉器官和运动器官的特点。各门学科对素质的解释不同，但都有一个共同点，即素质是以人的生理状态和心理实际活动为基础，是以其自然属性为基本前提的。个体生理的、心理的成熟水平的不同决定着个体素质的差异。因此，对人的素质理解要以人的身心组织结构及其质量水平为前提，素质是人的能力发展的自然前提和基础，素质加修养构成人的素养，素养是由训练和实践获得的技巧或能力。高职教师应努力由先天条件和后天学习与锻炼获得从事教育工作的素质与修养。

关于高职教师的素质，一般来说，是指高职教师在教学活动中表现出来的决定其教学效果并对学生身心发展有直接影响的思想观念、学识能力和心理素质的总和。做好一个高职教师，要有理想信念、道德情操、扎实学识、仁爱之心，要把自己的温暖和情感倾注到每一个学生身上，用欣赏增强学生的信心，用信任树立学生的自尊。做好一个高职教师，还要有过硬的专业知识与教学水平，有精湛的职业技能与技艺，拥有能培养出适应行业需要的高素质技术技能型人才的能力。

二、教师教学能力

教师教学能力隶属于心理学范畴，是教师在教学活动中顺利完成教学工作并直接影响教学活动效率和效果的个体心理特征，也是教师个人智力智慧及从事教学工作所需的知识、技能而建构的一种职业素质。

（一）教师教学能力含义

"能力"一词在不同领域具有不同含义。心理学家给出的定义为：能力即为顺利完成某种活动的个性心理特征。能力是完成某一具体活动所必需的生理、心理素质条件，是完成活动的本领和力量。对应于教学能力，则表现在有效支持教学任务的完成。能力总是和人完成一定的活动联系在一起的，离开了具体活动既不能体现出人的能力水平，又不能提高人的能力。

能力按其发挥作用领域的不同又可分为一般能力和特殊能力。一般能力是个体从事任何活动都必须具备的能力，其核心是智力；特殊能力是顺利完成某种专业活动所必备的能力，如，音乐家的音乐听觉能力，画家的色调辨别能力等。关于教学能力的定义："教学能力是教师为达到教学目标，顺利从事教学活动所表现的一种心理特征。"这种心理特征总要通过一定的教学行为方式来体现，通常将教师完成特定教学任务的行为方式称为教学技能。因此，一个教师的教学能力是通过他在顺利完成教学任务过程中所运用的教学技能来体现的，是在一定的教学思想、理念支配下，在掌握教学知识、教学技能的不断实践过程中形成的。

（二）教师教学能力性质认识

对教学能力性质的认识，由于研究者对教学过程、教学活动行为的认识及所作微观考察程度的不同，因而认识也有所区别。目前，人们对教师教学能力性质的认识及分析主要有以下几种基本思路。

1. 与人们对智力和能力的认知联系在一起

人们对教学能力性质的认识是与人们对智力和能力的认知活动联系在一起的，即教师教学能力在本质上是否包含智力成分的问题。随着现代心理科学关于智力、能力研究的深入发展，人们对教学能力的性质的认识愈益明朗和深刻。

目前大多数专家学者明确区分了教师智力与教学能力两个概念，将教学能力界定为以认识能力为基础，是一般能力和特殊能力的合理整合和特殊发展。一般能力主要指教师的智力，而特殊能力是指教师在设计、组织和实施具体的教学活动中所具有的能力。例如，周建达、林崇德认为教学能力的基础是认识能力，申继亮等认为教师的教学活动是一种认识性活动，有鲜明的智力基础。余承海、姚本先认为教学能力是顺利完成教学活动所必需的，并直接影响教学活动效率的个体心理特征，是通过教学活动将个人智力和教学所需知识、技能转化而形成的一种教学素质，它依托于一定的智力，是以认识能力为基础，在具体学科教学活动中表现出来的一种特殊能力（专业能力）。因此，以智力为基础发展起来的一般能力和特殊能力的结合是专家学者对教学能力的性质所持的普遍观点。

2. 与人们对教学活动形式的认识联系在一起

人们对教学能力性质的认识是与人们对教学活动的认识紧紧联系在一起的，即从教育目标、教育活动的实施过程，以及教育的方法和手段的运用角度进行分析，侧重的是知识性和技能性的因素，并且将落脚点放在能力的表现形式上，由此构建出"一般性和群体性"的教师教学能力体系。

一书中指出，所谓教学能力主要是指各科教师应当普遍具有的运用特定教材从事教学活动、完成教学任务的能力，它具体包括：掌握和运用教学大纲的能力、掌握和运用教材的能力、掌握和运用教学参考书的能力、编写教案的能力、选择和运用教学方法的能力、因材施教的能力、实施目标教学的能力、组织课堂教学的能力、教学测试能力、制作和使用教具的能力等。L. Dee Fink 从教学实施流程的视角，认为高校教师的教学能力由四个维度组成：教师具备良好的专业技术知识、课程设计的能力、与学生沟通交流的能力及教师进行教学实施和教学管理的能力。

3. 与教书育人的过程联系在一起

人们对教学能力性质的认识是与教书育人过程紧紧联系在一起的，即从教育学、心理学、社会学的角度对学生进行思想品德和职业道德教育能力的培养。教学是以知识、技能和伦理道德规范为媒介的师生之间的双边活动，教学能力则是教师思想品格、心理特征、行为规范和道德准则的综合体现。"学高为师，身正为范"，态度和意识对于教师教学非常重要，缺乏高度的责任感，教学态度和行为就会失范，严重制约教学能力的发挥和发展。

潘懋元认为，大学教师发展的内容应当包括三个方面：学术水平——基础理论、学科理论、跨学科的知识面；教师教学知识和技能——教育知识，教学能力；师德——学术道德、教师教学道德。2012 年 6 月，习近平同志就曾说过："高校教师尤其是青年教师的思想政治素质和道德情操对大学生具有很强的影响力和感染力，希望大家增强教书育人的责任感，真正做到'为人师表',不仅为学生作学习传播知识的表率与楷模,还要作理想、信念和思想、道德的表率与楷模,成为学生成长的引路人和指导者。"

因此,高职教师教学能力是以其心理、道德和语言素养为基础,结合职业和社会认知,对高职学生进行全面的素质教育而体现的。高职教师必须具备全面了解并正确评价学生的能力、寓德育与职业教育于教学之中的能力、教师"身教"的能力等。

4. 与教学问题的解决过程联系在一起

人们对教学能力性质的认识是与教学问题解决过程联系在一起的,即把教学能力看作是教师在"操作解决一个教学问题"的能力。这方面的早期研究基本上是从"技术"或"胜任"层面来研究教学能力的,把教师当作"技术人员",认为教师只是一个"教书匠",只是教学手段、技术与目的的中介人,是一个用别人设计好的课程达到别人设计好的目标的知识传授者。但随着认知心理学的迅猛发展,对教师所扮演的角色已不再停留于"技术人员"这一看法上,更多的是把教学过程看作是一个解决问题的过程。如忻耀群认为,教学能力是指在有限的时间里高质量、高效率地完成教学任务。教师能否把问题解决作为教学的重要目标其教学行为大不一样,带给学生的影响也就大不一样。教师发现问题、分析问题和解决问题的能力对教师搞好教育教学工作至关重要。因此,近年来,国外的教师研究专家、学者在肯定以前的研究成果的基础上,突出了教师完成教学任务所必备的基本知识和技能,把重点放在了教师的观察、分析、解释和决策等反思能力的研究上。

（三）教师教学能力与素质关系

素质与能力是对人格同一层面不同侧重点的表述。一般来说,素质重在存储与积淀,"位势"的变化只表明量的增减并不代表质的改变,只有当外因发生作用时,素质才能释放能量,故条件是素质"物化"的前提,它更多地具有静态"势能"的形式与特征。而能力重在内化与运用。当主体行动时就会释放能量,故过程是能力"物化"的情境,它更多地具有动态"动能"的形式与特征。

素质是能力形成和发展的自然前提,离开了这个前提就谈不上能力的发展。素质本身不是能力,也不能决定一个人的能力,它仅能够提供一个人能力发展的可能性,只有通过后天的教育和实践活动才能使这种发展的可能性变为现实性。素质与能力不是一对一的关系,在同样的素质基础上可以形成各种不同的能力,同一种能力可以在不同素质的基础上形成,这完全取决于后天的条件。即使在某种素质方面存在着一定的缺陷,也可以通过机能补偿,使有关能力发挥出来。高职教师素质与能力的关系，从某种意义上说，就是势能与动能的关系，在一定条件下可以相互转化。

对高职教师教学能力的定义，既要从心理学角度进行审视，也要从教育学、社会学等学科视野进行理解。经过比较研究和实证分析，本文从能力内涵和外在构成两个方面，对高职教师教学能力描述如下：

高职教师教学能力是由教师个人智力、智慧及从事高职教学工作所需素养、知识和技能建构而成的职业素质，由教学活动中培养和表现出来的、直接或间接影响教学活动质量和完成情况的个性心理特征，以及由实践中发展起来的、促进教师教育教学发展特质所构建的一种能力体系。

三、高职教师素质与能力的决定因素

高职教师素质与能力由社会与市场发展环境、高职教育教学过程特色及高职教师职业生涯发展要求所决定。

（一）由社会与市场发展环境决定

高等职业教育这个特殊类型是由社会发展阶段决定的。当今社会发展需要四种人才支撑：一是学术型人才，从事科学研究、发现规律、创造理论；二是工程型人才，从事将科学原理转化为工程设计、工作规划、业务决策；三是工艺型、执行型的技术型人才，或称中间型人才；四是技能型、操作型人才，在生产建设一线或工作现场，从事将工程设计、工作规划、业务决策转化为社会物质形式或工作成果。前两者需要有较好的学术修养和较强的研究能力，后两者需要有较好的技术修养和较强的职业岗位适应能力。后两种人才需求催生高等职业教育，催生了一个以实践为载体、以能力为本位的教育类型的产生，客观上要求教师的素质与能力与其相对应。

（二）由高职教育教学过程特色决定

高等职业教育是在高等学校教育的框架下，融入产业、行业、企业、职业和实践五个要素，以培养实际操作能力为核心，面向生产、建设、管理和服务一线的高素质技术型专门人才为目标的一种职业教育类型。高等职业教育教学目标的职业性、教学内容的实践性决定了教学过程的特殊性，即教学过程与生产过程交互、教学环境与工作环境交互、教学效果与工作任务交互。这种教学过程的特殊性，决定了高等职业教育教师素质与能力的特色性。

（三）由高职教师职业生涯发展决定

在整个职业生涯发展中，专业水平、业务能力、人格魅力是高职教师素

质与能力的重要方面。指导学生解决未来岗位的实际问题是检验教师专业能力的重要尺码；把工作领域转化为学习领域，学习情境为工作情境服务，使学生真懂、真会、能做，体现了教师的教学业务水平；而人格魅力主要体现在教书育人的结合上，将优良的道德品质、职业责任、职业精神状态等通过教师的潜移默化传达给学生，促进学生的综合素养的提升。所以，教师的素质与能力与教师的职业选择、职业发展是紧密联系在一起的。

第二节　高职院校教师素质标准与角色要求

教师素质通常指政治素质、思想素质、道德素质、业务素质、审美素质、劳技素质、身体素质、心理素质等。高职教师自然也应拥有这些素质，只是其中某些素质的内涵存在特殊性，如业务素质除教学业务素质外，还要有职业技术教学的素质。高职教师应具备六种基本素质，并通过六种角色的扮演来体现这些素质，以呈现高职教师履行职业职责的水平和重要作用。

一、高职教师基本素质

19 世纪俄国教育家乌申斯基曾说："教师个人对青年人心灵的影响所产生的教育力量，无论什么样的教科书，无论什么样的思潮，无论什么样的奖惩制度都是代替不了的。"教师要教书育人、影响人生，要铸就灵魂、培养未来的职业者，其言与行、品与德、学与识、才与能等方面都符合相应的要求，合格的高职教师至少应该具备以下几个方面的基本素质。

（一）具有高尚的道德

德乃师之灵魂，是教师素质的第一要素。伟大的教育家陶行知所说的"捧着一颗心来，不带半根草去"，是对教师高尚道德情操要求的最好诠释。师德是教师教学能力提升的道德基础，教师需要具备一定的教学情操，具有较强的责任感与义务感。

首先，高职教师的仪表要端庄，一定要注意自己的形象。讲台是神圣的，教师承担着最威严的使命。孔子说："君子不重，则不威"，古人云："威而不猛，昵而不狎"。就是说，高职教师既要威严，又要有亲和力，自敬自重而不轻浮狂躁，仪容、举止得体适当，尤其是谈吐要温文儒雅，其次，高职教师要具备人格魅力和学问魅力。高职教师人格魅力表现在有颗仁爱之心，敬业爱生、关爱学生、爱生如子，是高职教师爱的根本。教育家陶行知曾指出：要人敬的必先自敬，重师之自重。高职教师要恪守师德、正人先正己，修身先修心，做到为人师表，言行如一。高职教师要治学严谨、显示师范、展现学问的魅力。既能向学生展现学科专业知识与技术的神奇魅力，又能使自己课堂教学效果最好、学生最满意。

再者，高职教师有良好的意志品质。高职教师要做到态度谦虚谨慎，气量大度容忍，具有强烈的进取精神和合作精神，善于与他人沟通，擅长调整人际关系，自我调控和调节的能力较强。高职教师还要做到守得住清贫，耐得住寂寞，淡泊名利，不为名利所动，不受社会逐利影响，并以园丁的身份、蜡烛的精神、春蚕的行为、人梯的态度、黄牛的品格、蜜蜂的技能去培植、去燃烧、去吐丝、去铺路、去耕耘、去酿蜜，切实做到"临难勿苟免，临财勿苟得"。

（二）具有广博的知识

师者，传道受业解惑也，广博的专业知识、较高的专业技术与能力水平、良好的职业教学态度和职业教育认知结构是高职教师从事教育教学工作的基础，是很好地履行教书育人职责的看家本领。

1.高职教师知识储备要丰富

高职教师要不断丰富自己的学养，要广泛涉猎包括社会科学、自然科学等多领域的相关知识，做到既广又深，使自己成为专才中的通才，通才中的专才。教师只有具备广博、深厚、扎实的文化知识，才能在教学中达到融会贯通、深入浅出的境界。专业知识是高职教师从事高质量教育活动的基础，高职教师必须做到专业理论精通，掌握专业理论与技术前沿动态，不断丰富自己的知识储备。

2.高职教师知识更新要快

随着知识经济时代的到来，知识海量的剧增和知识更新速度的加快，高职教师必须主动适应社会发展与时代进步，不断加强知识与技术的更新，正如加里宁（Kalini）指出的那样：教师一方面要奉献出自己的东西，另一方面又要像海绵一样，吸收一切优良的东西，然后把这些优良的东西贡献给学生。"问渠哪得清如许，为有源头活水来"，就是对教师不断进行知识创新必要性的最真实、最生动、最形象的反映。同时，面对当今学科专业相互交叉渗透、应用技术飞速发展、新学科新知识大量涌现的趋势，高职教师要主动学习专业、行业中最新知识，补充完善原有知识体系，不断地拓宽专业知识渠道，加快专业技术更新速度，用最科学、最前沿、最先进的理论知识体系武装自己的头脑。

二、具有丰富的教艺

美国的一位教育学家说过："认为只要掌握了学科知识，就自然具备了教学资格，这是一种陈旧的观念。"教育界有两句行话说的是："教师好不等于好教师，教师老不等于老教师。"所以，教师教学能力的核心问题就是提高教学艺术与方法，具有精湛的教艺。

所谓教艺就是教师在长期的教学实践中形成的，在其教学中普通使用的，能体现自身教学特点的教学艺术与独特的教学风格。有位老教授曾对不同层次老师的要求用一个字来表述：助教首先要讲得"对"，如果讲错了，那是谬种流传，误人不浅；讲师要讲得"清"，要条分缕析、层层剥茧，讲得非常清楚；副教授要讲得"精"，副教授应该以简驭繁，让学生能够举一反三；教授应该讲得"妙"，旁征博引，妙语连珠；大师则是讲得"绝"，炉火纯青，让人拍案叫绝。有位知名的教育专家从业务的角度总结了教师教学的四种情形：（1）浅入浅出型；（2）深入深出型；（3）浅入深出型；（4）深入浅出型。浅入浅出型的教师学识浅薄，自己懂的知识不多，能教的知识也不多，教出的学生自然水平不高；深入深出型的教师，自己钻得很深，然而却讲不明白，囫囵吞枣地传授，学生同老师一样也是云里雾里；浅入深出型的老师，是把最简单的问题复杂化，不讲时还明白，讲完倒迷惑了，故弄玄虚、误人子弟；深入浅出型的老师能把深奥的东西简明化，只需轻轻一点，便云开雾散，使人豁然开朗，这是好老师应该具备的。

高超的教艺是一名好教师的必备特征，缺乏基本教艺的人就无法从事教师职业。教艺不仅反映了教学的艺术和方法，还体现为一种教育的感召力或感染力，一种教育、宣传、鼓励、组织学生有效学习，焕发学生学习兴趣与知识欲望的技巧或策略。良好的教艺能使教师从认知心理学角度，通过爱心、引导、尊重、真诚、激励等行为方式对学生进行学习心理、学习动机和学习热情的激发与开启，有效激发学生对知识的渴望、期待与探究之情，并通过运用语言艺术、信息传递艺术、环境调控艺术、方法应变艺术和情境创设艺术等提高教学效能。

（一）具有精湛的技艺

高职教育是培养技术技能型人才的教育，技术技能型人才的培养需要教师具有真正成熟的技艺。在《教育部关于深化职业教育教学改革　全面提高人才培养质量的若干意见》（教职成〔2015〕6号）中首次提到了"教练型"教师的概念。"教练型"教师、"双师型"教师、"师徒式"教学模式等强调了高职教师不仅是传统意义上的教师，更是具有一技之长的师傅和能工巧匠。

这就对从事高职教育的教师提出更高的要求，使其不仅要成为理论知识的传授者，更要成为实践技能的拓展者，成为行业技术与专业技术的引领者。因此，高职教师要真正提高技艺能力，就必须走出校园，到行业企业中去学习和锻炼，在进行工学结合的实践中实现自己技艺的发展。

（二）具有创新的意识

创新是人类进步的阶梯，创新是前进的动力。创新是高职教师的必修课，也是新时期教师所承担的社会责任所在。教师一句创新的语言，都有可能成就一位伟大的科学家。没有创新的教学，所教出的学生是没有前途的学生；没有创新的教师，就不是合格的教师。因此，创新是高职教师的基本素养，是必备要求。高职教师创新的意义就在于引领社会创新，引领创新的未来。所以高职教师要敢于质疑，勇于挑战，精于突破，善于超越，不断提升自己的创造力与创新能力。

1. 高职教师教学观念要创新

所谓观念创新就是要摒弃一成不变的传统观念，从而确立能适应新时期发展要求的新观念。对于高职教师来讲，观念创新有很多方面，如教学中教师主体和学生主体的置换，以教为主向以学为主的转化，以知识传授为主向以能力培养为主的转变，以理论传授为主向以动手操作为主的转换等一系列教育教学理念与观念的创新。

2. 高职教师教学方法要创新

教学方法的创新是提高教学质量的重要保障，很多教师在实际教学中都曾尝试过教学方法创新，也从创新中品尝到了不少甜头，取得了很好的效果，但也存在一些问题。例如：有的创新只是停留在表面形式上，还没有涉及具体的内容，也没有长期坚持；有的创新只是部分创新，浅尝辄止，还没有做到完全彻底的创新。方法创新只有起点，没有终点，要长期坚持。

（三）具有敬业的精神

敬业是对所有劳动者的要求，并不是教师的"专利"，但是对于教师来说对敬业的要求、标准会更高。教师的职业是培养人才的职业，是生产不能带有"瑕疵"或"残次品"的职业，是一种良心"活儿"。高职教师敬业需要达到几方面的标准与要求，即对教育事业的热爱要胜过对自己生命的呵护，对学生的爱要超过对自己儿女的溺爱，对教学质量的要求要严于对完美艺术品挑剔的苛刻，对岗位的责任要有刻骨铭心的印迹。高职教师敬业还表现为专注精神，即对教育的专注，对知识的专注和对教学的专注。有了专注精神，才能排除杂念，不受干扰，集中精力提高自己，搞好教学工作。

三、高职教师教育教学角色要求

一个合格的高职教师，必须与其他类型的教师一样，要扮演好六种角色：精神文化的传递者、成长发展的导引师、知识技能的教授者、教学事务管理者、活动的咨询者和职业的教练与师傅。

（一）精神文化的传递者

这是教师职业角色中最具基础性的角色，也是教师职业得以产生发展并延续到今天的根本原因。正是借助教师这一媒介，人类社会积累的文明才会传递下来，使人类所创造的一切文化科学得以继承和发展，人类社会也得以延续和进步。也正是有了教师和教学，学生才在较短的时间里掌握了人类几百年、几千年所积累的知识和经验，形成自己的知识结构和技能、技巧，并获得了智慧的启迪、能力的发展和人格的陶冶。

（二）成长发展的导引师

高职的学生多为学业上的弱势群体，分数较低，没有考上本科，大多存在很大的精神负担与思想包袱。同时，对职业教育认识不足或者缺乏心理准备，对前途比较迷茫，甚至不懂得职业生涯设计规划。高职教师的作用不仅是传授知识与技能，更应该成为学生未来职业发展的指路灯、导引师，给他们鼓劲、激发他们热情，帮他们设计、帮他们规划，成为他们人生道路上的良师益友；高职教师还应该扮演"人类灵魂工程师"的角色，负有传递社会思想道德的使命，教书育人，把一定社会思想意识、价值规范、道德规范通过教育内化成为年轻一代自身的思想品德，使其学会怎样做人、怎样敬业、怎样治学和怎样与他人共同生活，从而顺利地实现个体的社会化，成为适应社会生活的一员。

（三）知识技能的教授者

这是教师职业中最具核心性的角色，很显然，课堂教学、传授知识是高职教师工作的中心与重心。高职教师最基本的角色还是知识教授者、传授者。高职教师要教学生文化理论知识、专业理论知识、实践技能知识和行业技术知识，要引导学生参与社会服务，开展专业应用服务。更重要的是还要教会学生在未来职业生涯中学会做人、学会做事、学会学习、学会生活、学会共处、学会发展的方法。

（四）教学事务的管理者

教师不仅是教育教学活动的组织者和设计者，同时还是管理者，负有管理责任。一是对学生的管理，通过教师的教育、教学行为让学生既要符合规范标准又要获得个性的发展，遵章守纪、完成学习任务；二是对教学过程的管理，要进行教学设计、组织教学活动、完成教学项目、实施教学评价；三是对课堂教学管理，对教育教学活动进行控制，是教师的一项重要责任，缺少有效的管理，很难设想教师如何去完成教育任务。经验证明，一名优秀的教师一定是杰出的教学管理者，一个像父亲一样严而有度的教师，往往能把班级管理得井井有条，同时又受到学生的尊敬和喜爱。

（五）心理活动的咨询者

当学生有了心理或生活上的疑惑和困难时，他们通常愿意向一位值得信赖的教师咨询，这就要求高职教师应有慈爱与宽容之心，做到和蔼可亲、平易近人，成为学生的朋友。教师应与学生和睦平等地相处，学生才愿意将自己的心里话和烦心事告诉教师，愿意向他们吐露自己的心声，教师才会成为学生心理卫生的咨询者和保健医生。教师应帮助学生形成积极的自我信念、克服一切障碍与困难的决心和勇气，鼓励学生勇于表现自我，引导他们学会理解与认可不同的意见和分歧，并适时提供一种谅解和宽容的心理环境，使其经常保持一种积极向上的精神状态，为其顺利完成学业、实现自我发展创造条件。

（六）职业技艺的师傅

这是高等职业教育教师特定的角色。高职教师要像教练指导学员一样，像师傅带徒弟一样，要手把手地教会学生工作技能，完成由学生身份向企业员工身份的转变。高职教育要推崇"教练型"教师，要倡导"师徒"式教学模式，"师徒"式教学是职业技术获取与传承的主要途径之一。

第三节 高职院校教育教学的一般特征

为了培养技术技能型人才，许多高职院校构建了理论教学、实践教学和素质教育三大体系，提出了"以素质为基础、以能力为中心"及"知识复合、能力本位"的人才培养模式。

一、高职教育人才培养模式的基本特征

高职教育培养的是面向生产和服务第一线的高素质技术技能型专门人才，他们不仅需要一定的专业基础理论与基本知识，更需要适应职业岗位群的组

织管理及生产操作能力。

（一）高职教育与其他类型教育的区别

高等职业教育是职业教育的重要组成部分。高职教育既以培养学生具有较深的理论知识和较宽的知识面而区别于中等职业教育，又以培养学生具有较强的实践动手能力和分析解决生产实际问题的能力而区别于普通高等教育。高等职业教育在人才培养目标、培养要求、专业设置、教学内容、办学形式等方面与普通高等教育的不同之处如表 2-1 所示。

表 2-1 高职院校和普通高校的特征比较

特征	高职院校	普通高校
培养目标	技术技能型人才	学术型、工程型人才
培养要求	理论知识必需、够用为度，强调实践能力的训练	偏重理论传授，强调知识的系统性
专业设置	按职业岗位和岗位群设置	按学科设置
教学内容	以培养技术应用性能力和基本素质为主线，以适应职业岗位群的职业能力要求设置理论教学和实践教学	重视基础理论，以专业学科所需理论为依据
师资要求和构成	"双师型"师资队伍，教师具有较好基础理论和较强实践动手能力	重视学术水平和科研能力，教师具有扎实的基础理论
办学形式	灵活、多样、紧贴市场	正规、稳定
社会联系	与社会联系	相对独立性较强

高等职业教育与中等职业教育的区别也是显而易见的，主要表现在两个方面：一是中等职业教育的职业技能和职业能力偏于单一，难度较低，而高等职业教育的职业技能和能力趋于复杂、综合，难度等级有较大提高；二是体现了职业的高层次。高职教育与中等职业教育培养目标的根本区别在于一个"高"字，学生更为重视专业知识和理论知识的学习，具有较高的知识素养，学生掌握理论和实践技术中的科技文化含量和水平较高，这也是高等职业教育属于高等教育的体现。中等职业教育培养的学生，其能力、水平均不能适应社会、经济发展对高层次技术型人才的需求。从企业实际调查也了解到，企业普遍认为高职毕业生较中职毕业生知识丰富、钻研力强、发展后劲大，他们的这一优势正是专业理论知识积累的优势。

（二）高职教育人才培养模式的基本特征

高职高专教育人才培养模式的六条基本特征：一是以培养适应生产、建设、管理、服务第一线需要的高等技术应用性人才为根本任务；二是以社会需求为目标、技术应用能力的培养为教学主线；三是以"应用"为主旨，基础理论教学以应用为目的，以"必需、够用"为度，加强专业课针对性和实用性；四是实践教学的主要目的是培养学生的技术应用能力，在教学计划中有较大比例；五是"双师型"师资队伍的建设是高职高专教育成功的关键；六是产教融合、校企合作是培养技术应用型人才的基本途径。以人才培养模式的六条基本特征为指导，以专业教学改革为龙头，各高职院校对高职教育内容与课程体系进行了大量的实践探索，高职教育人才培养模式的基本特征已基本取得共识。

二、高职教育课程体系的基本特征

高职教育课程内容和体系结构是人才培养的主体部分。其中，课程教学内容是培养目标的具体化，课程体系结构是人才培养模式的重要内容，是培养具有复合技能型人才的重要保障。

（一）课程内容的基本特征

高职教育课程教学内容的开发、课程内容的把握和课程内容学时的安排上，必须着眼于区域产业结构和产品结构的调整，注重知识的横向拓展与结合，体现知识的先进性和应用性，体现高职教育的技术性特色。

在课程内容开发上，体现以能力为中心的教育教学目标取向，以"能力本位"取代"知识本位"。高职教育教学内容要以 21 世纪技术应用为基本特征，以职业岗位的实际需要为出发点，以培养技术应用型能力和基本素质为主线，根据职业岗位或岗位群的主要特点及未来职业发展的总体趋势，来设置相应的课程教学内容，使高职教育的课程教学内容直接依附于所对应的职业岗位，与职业岗位紧密对接。

（二）课程结构的基本特征

"职业性"教学理念已经成为公认的、能够反映高职教育核心价值的重要理念，这一理念集中体现了高等职业教育的本质特征。高职教育应以社会需求为目标、以技术应用能力的培养为主线设计教学体系和培养方案，应以"应用"为主旨，体现高职教育"职业性"基本特点。为了适应职业（群）的需求，高职教育一般采用"职业分析—教学设计"连贯法。即根据具体职业活动，进行职业分析，然后根据教育规律和学生认知规律，以应用性与实践性为特征，进行教学设计，从而使课程与教学内容体系具有高职教学的系统性特征。这种系统性与普通高等教育的教学系统性不同，因为高职教育的课程体系结构是以培养职业能力为主旨来构建的，而后者是按照学科知识的"衍生"来设置课程的。

在设计高等职业教育课程的过程中，有一对矛盾是必须认真考虑的，那就是针对性与适应性的矛盾。作为导向就业的教育，它必须针对一定的职业范围；作为学校教育，它又必定不同于职业培训，学生须有较强的适应未来发展的能力。对二者都不能片面要求，只能依不同条件选择不同的折中。因此，在高职教育的课程体系中，根据技术技能型人才的知识能力特点，协调基本素质、专业基础、专业核心、专业拓展四类课程的逻辑关系和比例，是优化技术技能型人才培养过程的一个关键性环节。专业技术知识直接反映当前职业岗位的工作需求，体现了教学的针对性。专业理论常常是相近专业的共同基础，能适应专业拓展的需要。基础理论是自然与社会的普遍规律，它是专业理论的基础，覆盖面更广。这后两类知识理论支持着技术型人才的持续发展。

三、高职教育教学活动的基本特征

（一）教学目标的针对性

现代意义上的职业教育是针对社会某一类职业岗位（群）而实施的专业教育，面向企业相关岗位培养人才。因此，职业教育人才培养目标的核心在于职业针对性和职业适应性，这是职业教育赖以生存和发展的基础。高职教育主要是面向区域经济社会建设的主战场，为区域社会经济发展和行业企业提供服务。随着生产力的发展和科学技术的进步，随着产业结构不断调整、转型、升级，职业分工及职业岗位技能要求在不断变化。因此，高职教师要能够因地制宜，根据区域产业结构的调整变化和区域经济社会发展对专门人才的要求确定教学目标，从而进行课程设置、制订教学计划及教学大纲、选择教学内容及教学方法，以充分满足职业岗位对专门人才的需要。

当然，我们也应当注意到，从高职教育的发展趋势来看，高职教学的目标不能单纯地仅仅针对职业岗位，而应扩展到学生的整个职业生涯，由狭义的培养职业技能扩展到提高学生的综合素质，使学生更好地适应社会发展的需要。

（二）教学过程的复杂性

高职教学目标的职业针对性和教学内容的实践性，决定了高职教学过程的复杂程度。从教学形式上看，除有理论教学外，还有大量的培养学生综合职业能力所需要的实训、实习、设计等实践教学。实践教学必须紧紧围绕以培养学生的岗位职业技能来进行，要有计划地安排学生进行上岗实践训练，将学习和上岗紧密地联系起来，使学生毕业后就能够直接参与特定岗位的实际工作。从教学实施过程来看，随着对学生的主动学习、探究式学习的愈加重视，教师成了学习的指导者、促进者、组织者和管理者，为学生学习提供资料、咨询等方面的支持。而学生不再是被动接受者，而是主动探求者，使教与学成为双向式教学过程。这些既是提高高职教学质量所必需的条件，也是高职教学过程复杂性的体现。

（三）教学场所的开放性

高职教育的办学目标及其与区域经济社会建设紧密结合的特点，决定了高职教育必须坚持开放办学，坚持校企合作、工学结合的人才培养模式，走产学研结合的发展道路。这意味着，从事高职教学工作的教师，其工作的时空范围不只局限于学校和课堂，还需要经常奔走于企业、车间和田野，这也是高职教学与普通高等院校教学相区别的一个显著特点。

（四）教学手段的多样性

高等职业教育培养目标的多样性决定了其培养手段的多样性。从教学技术上看，计算机和多媒体技术的广泛应用，能迅速、高效地为高等职业教育教学提供各种所需信息。此外，信息化教学手段、网络在线开放课程学习等广泛应用到高职教学中，极大地提高了教学效率和教学质量；从在实施教育的参与对象上看，既有学校的专职教师，又有校外企业兼职教师和实习单位的指导师傅。

（五）教学模式的职业性

工学结合是一种将学习与工作相结合的教育模式，以学生为主体，以职业为导向，充分利用校内外不同的教育环境和资源，把课堂教学和直接获取实际经验的工作有机结合起来。校企结合、工学结合是高等职业教育的基本属性，也是培养高技术人才最重要的手段与途径。"校企合作"成功与否关系到高等职业教育能否办出特色，从某种意义上说，也是高等职业教育成败兴衰的决定性因素。高职教师作为"校企合作、工学结合"的直接参与者和执行者，起着至关重要的作用。

四、高职教育教学条件的基本特征

为了保证技术技能型人才这一特定培养目标的实现，必须要有相应的培养条件作为保障。高等职业教育的办学条件，除各类教育都必需的物质与非物质条件及社会参与这一特殊条件外，主要是在师资队伍和设备这两方面具有明显的特点。

（一）师资队伍

由于高等职业教育主要是培养技术技能型人才，所以其教师除应具备各类型教育教师的共性素质外，还应具备技术型人才的特殊素质，即"双师型"素质。即使是基础课教师也不例外，需要对技术技能型人才的培养目标及其与本课程的关系有明确的认识。所以，与普通本科学校相比较，高职教师的知识储备能力要更为全面，应有较高的专业实践能力，相关知识面要广，常识要丰富，同时还应具有较强的社会活动能力，善于同社会的有关单位及人员交际和合作。同时，教师队伍构成还要多样化，需较多地聘用兼职教师。

（二）教学条件

高等职业教育的设备特征集中表现在实习和实训设备方面，教学设备要有鲜明的现场性、技术应用性、综合性和可供反复训练的特点与功能。

1. 现场特点

学生的实习场所要尽可能与社会上实际的生产或服务场所一致，由于校内往往不具备这样的条件，所以必须充分重视校外实习基地的建设。

2. 技术应用特点

为了适应技术技能型人才主要从事技术应用和运作的要求，高等职业教育的实习、实验设备应有利于培养学生的技术应用能力和分析、解决实际问题的能力，其重点不是为了理论验证。

3. 综合特点

技术技能型人才所从事的工作环境往往是多因素综合的，只有在错综复杂的场合才能锻炼学生多方位的思考能力，学会处理各种复杂问题。单一的实习条件难以培养出合格的技术技能型人才。

4. 可供反复训练的特点

因为许多能力的掌握都不是一次完成的，需要反复练习。所以，仿真模拟设备对于培养技术技能型人才具有特别明显的作用。尤其诸如钢铁冶炼轧制生产、电力生产与输送、化工工艺流程等难以现场观察，且又必须反复进行现场工作训练，特别是有关故障排除的训练，如果有了仿真模拟设备，虽然不能完全代替现场实习，却能比较接近于教学目标的实现。

第四节 高职院校教师教学能力的本质与特征

从本质上讲，高职教师教学能力是教师教学所需素养、知识、技能等建构而成的一种素质，是教师教学活动中一般共性能力与特殊职业能力的综合表现，是在实践中发展起来的、反映高职教师教学活动及教学发展的能动力量。

一、高职教师教学能力本质内涵

教师教学能力涉及认知领域、情感领域和操作领域，它是教师知识、情感、行为和社会实践相互作用的产物。

（一）教学能力是一般能力与特殊能力的共同体

从宏观层次上看，大多数研究者认为教学能力是一般能力与特殊能力的组合。一般能力是教学的基本素质，是各种教育能力中的共同成分。特殊能力是智力的基本要素在教学活动中的特殊表现。有学者认为教师能力是由智力、表达能力、实践能力所构成的一般能力和由管理能力、教学能力、自我认知能力所构成的特殊能力的结合。也有学者认为教学能力由一般能力和教育能力所组成。一般能力包括分析能力、思维能力和理解能力等，教育能力包括道德品质教育能力、教学组织能力和课堂管理能力等。

（二）教学能力是显性能力和隐性能力的综合体

不少学者认为，教师教学能力结构中，不仅要有对教学直接、显性作用的成分，还要有对教学间接、隐性影响的部分，这种间接、隐性的部分往往是教学能力形成的必要基础。例如，教师基本素质虽然对教学效果不具直接的作用，但将决定教学能力形成发展的效度与深度。

（三）教学能力是多种教学能力成分的统一体

高职教师教学能力是教师在教育活动中形成并表现出来的。教学活动是一种有目的、有计划、有组织的活动，活动实施过程中不仅有活动的执行成分，还应有保证活动顺利进行的调控成分。申继亮等人认为教学活动是由一系列性质不同的具体活动构成的，每种活动都对应一种特定的能力，教学能力是由多种成分构成的一种综合体。各式各样的教学活动都涉及三种能力：教学监控能力、教学认知能力和教学操作能力。其中，教学监控能力是指教师为了保证教学的成功，达到预期的教学目标，而在教学的全过程中，将教学活动本身作为意识对象，不断地对其进行积极主动的计划、评价、反馈、控制和调节的能力；教学认知能力是指教师对教学目标、教学任务、学习者特点、教学方法与策略及教学情境的分析判断能力；教学操作能力主要是指教师在实现教学目标过程中解决教学问题的能力，主要表现为：言语表达能力、非言语表达能力、选择和运用教学媒体的能力、课堂组织管理能力和教学评价能力等。

（四）教学能力是科学性与艺术性的结合体

早期教学能力研究成果大多来自教育工作者对自身教学活动经验的直接总结，而现代教学能力研究则开始注重对教学活动艺术性成分的探索。教学是艺术还是科学，一直以来学者都有不同的争论，但绝大多数倾向于将教学看成是科学与艺术的统一。海特（Highet）指出"教学是一门艺术而不是科学"。加拉赫（Gallacher）既承认教学的科学性，也强调教学的艺术性。我国学者俞子夷认为，科学性是教学的首要前提，教学以科学为基础，以艺术做方法。因此，对教学活动的认识在经历了早期的艺术观、近代的科学观与艺术观的对立、当代的强调科学与艺术统一这样一个认识过程后，把教学视为科学与艺术的统一已基本成为共识。教学的科学性与艺术性是教学活动中不可相互替代的两个方面，教学的科学性决定了教学活动有其共性、客观性、可重复性和概括性等，而教学的艺术性又决定了教学活动有其特殊性、主观性、创造性和情境性等。教学的科学性与艺术性是不可分离的，缺乏科学基础的教学是无法保证教学的计划性与目的性，而缺乏艺术的教学则往往是无活力的教学，只有艺术的活动与科学的求真有机结合起来，教学才可称得上是区别于人类其他社会活动的独特的活动。

（五）教学能力是多种因素和多种知识的共同发展体

今天的教学比以往任何时候都复杂，影响教学的因素比以前更多，社会发展、科技进步也对教学提出了更高要求。多年来，对教师教学能力的要求很大程度上是在知识本位、教学本位背景下进行的，考虑的也只是提高教学质量和学生发展的需要，忽视了教师个人成长的主观能动性及其自身职业生涯发展的需要，忽视了教师个体素质和教学发展特质在教学能力中的地位。教学能力不单纯是教学过程和行为的能力，教师职业态度、专业精神、教学哲学等因素都能对教学能力形成和发展产生实质性的影响。因此，对教学能力的认识必须从人本主义出发，并与教师个体成长和职业发展紧紧联系在一起。如果仅仅从具体教学行为过程中去培育教师教学能力，这只是培育教学的技能，没有上升到思想境界，没有发挥人的主观能动性，因而是不全面的，也不能持之以恒。

教学能力还是基于多种知识结构的统一体。教师的知识结构可分为本体性知识、条件性知识和实践性知识。本体性知识是指教师所授学科的专业知识；条件性知识是指教育学、心理学、学科教学法等知识；实践性知识是指教师通过对自己教育教学经验的反思和提炼所形成的对教育教学的认识。作为一名专业的教师，应该具备普通文化知识、学科专业知识和教育学科知识三大方面的知识，这些知识的掌握和运用程度是衡量教师专业化水平的最重要标志。

二、高职教师教学能力的本质特征

作为一种"类型"的高等教育，与其他教育类型中的教师相比，高职教师教学能力要求既具有高等院校教师应具备的普遍性特征，同时又具有职业院校教师应具有的职业特殊性特征。

（一）一般共性特征

高职教师教学能力具有教师教学能力的普遍性或共性特征。

1. 延展性特征

教师教学中以其独特的教学方式和专业素养教化学生，为学生展示和提供多种进入社会的潜在途径，高水平的教育能力能在潜移默化中影响学生各方面的潜能，快速开启和促进学生社会化发展的进程。

2. 价值性特征

教师教学能力并不是一个抽象的概念，在应用中可以物化并创造出独特价值。教师教学，能实现学生所必需的精神食粮的满足，具有促进学生身心发展的核心价值。教师良好的教学能力对于其自身地位的巩固及对学生的培养都有着极其重要的价值。

3. 独特性特征

对于教师来说，其教学能力往往表现为自己独特的教学风格和某些方面超出别人的独特的教学技能。而这种独特的教学风格和教学技能是任何竞争对手都难以模仿的，不是通过短时间的努力可形成的。

4. 叠加性特征

教师教学能力在教学实践中往往表现为多种能力的叠加，是多种能力要素的综合体，这种综合体具有 1+1>2 的整体性效能，并且只有发挥整体性效能才能实现教书育人的目的。

5. 变化性特征

随着对教师教学能力本质的认识和要求的不断提高，教学能力内涵与结构处在动态变化和不断扩充之中。教师教学能力不能始终保持不变，不断提升和走向更高层次是教师教学能力发展的必然要求。因此，随着对教学行为的不断调整、对教学知识不断整合优化，教学能力自身及其结构也在不断升级转化。

6. 复杂性特征

教师的劳动是塑造人的劳动，即从事劳动力的再生产、科学知识的再生产和社会成员的再生产的一种特殊的劳动。教学原本就是一个十分复杂的过程，具有过程和结果的突发性和不确定性。它涉及教师、学生、教学内容、教学资源、教学环境和教学活动等诸多要素，又受到教师、学生内部的身心状态和外部条件的影响，远非课堂上"照本宣科"式的讲授那么简单。这也就决定了教师是一个专业程度很高的工作者，须是经过专业训练的人才能胜任。

7. 自主发展特征

从国外高校教师发展活动现状可见，高校教师发展工作强调教师自我评价、自我需要和自我发展。教师教学能力发展受外部环境要求的影响，但更主要地来自教师的主动要求，来自教师自我发展意识和意愿。因此，学校可以通过一些机制（如评价、在学习共同体中的反思等），引导教师形成自主发展的内在需求，培育教师教学能力发展的内在动因，激发教师最原始的、自我的、主动发展的动力。

（二）职业特殊性特征

高等职业教育作为培养技术技能型人才的源泉，以较强的实践动手能力和分析、解决生产实际问题的能力区别于普通教育。高职教师教学能力是带有明显职业特点的特殊能力，体现了教师履行职责的水平。

1. 职业性特征

高职教育是为了满足各类岗位的工作需求而发展起来的特殊教育类型，重点体现在"职"字上，也就是具有职业性特性。职业性特征要求高职教师具有很强的职业技术能力、动手能力，并且具有将职业技术能力与经验传授给学生的一整套教学方法。

因此，从本质上讲，高职教师教学能力应是适应和满足职业岗位所需要的知识与技能的能力，是一种基于岗位的职业能力。

2. 技术性特征

高等职业教育人才培养是以社会职业岗位为实际需要，即属于职业型、岗位型而不是科学型的；属于技术型而不是理论型的；属于应用型而不是学术型的。因此，高职教师教学能力应是适应和满足职业岗位需求的能力，是一种技能与技术应用性的能力，是既有初步的工程师专业理论知识又有技师操作技能，同时面向生产技术的能力。

3. 实践性特征

高职教育重视教育实践活动、重视学生实践动手能力的培养是高职院校区别于研究型大学的又一重要特征。高等职业教育实践性教学的主要特色就是注重理论联系实际，以能力培养为中心，着力提高学生动手能力和解决生产、工作实际问题的能力，使教育与训练，教学与实践有机地结合起来。因而，高职教师教学能力是一种实践性的能力，在实践中显现，在实践中提升。

华东师范大学的吴德芳教授在《论教师的实践智慧》一文中认为，教师的教学能力具有很强的实践性。首先，教学能力是一种行动能力，是教师将思想转化为行动的能力；其次，教学能力发生在特定的教学情境中，具有时空背景的限制，其行动必与当时实际的情境相契合；最后，教师教学是教师创造性行为的表现，教师既要充分发挥自身的创造力，又要做到具体问题具体解决，选择当时情境下最佳的行为方式。

4. 层次性特征

高职教师的职业教育教学能力一般有两个层次：一是职业思想教育层次，即对教育受众的职业意识、职业道德、职业规范和职业行为操守的教育，通过一系列系统的、有计划、有目的的教育活动使受教育者在思想、认识和责任等方面有所提高。对教师来讲，要有与这种高层次的教育活动相适应的职业思想的教育能力；二是职业技能教育层次，即对受教育者从事某种专业性职业所应具备的工艺能力和技术能力的建立和提高，所进行的教育属于直接的职业能力教育，这是高职教师从事教育活动的一个基本的能力要求。

5. "双师"型特征

高职教师既要成为教育教学专家，也要成为行业企业的技术能手，是教育专家与行业专家的统一体，这是由高职教育教学的性质决定的。如果仅仅只是满足其中的一项，是绝不能胜任教学工作的。"双师"型品质是高职教师最具体和最明显的职业特征。

（三）高等属性特征

"高等性""职业性"和"技术性"是高职教学本质的体现，高职教师教学能力是"高"与"职"的紧密结合体，具有"高"与"职"的双重特性，只有"职"或只有"高"的能力都不能算是合格的高职教师教学能力。

1. 高等性特征

高职教师首先姓"高"，是高等教育系统的教师，这是由高等职业教育的定位所决定的。高等职业教育是我国高等教育的重要组成部分，属于高等教育的层次范畴，正因为如此，从事高等职业教育的高职教师是高等教育系统的教师。当今的企业，希望高职学生既要精于技术，又要具有一定的组织管理才能，既能扮演宏观决策的执行者，又能扮演微观执行中现场决策者和组织者。显然，单一的技能训练远远无法满足这种高度综合的工作需要，这给高等职业教育的职教属性提出了新要求：高职学生在专业实践的基础上，要具有灵活适应现代职业体系的能力。因此，高职教师教学，应超越职业领域，高职教师教学能力应是一种超职业能力，包括教授学生综合思维能力、组织与协调能力、主动学习的能力、自主性与责任感、心理承受能力等，它是一个动态的能力体系，体现了高等职业教育的现代职教属性。

高等职业教育更为重视专业知识和理论知识的学习，具有较高的知识素养。这也是高等职业教育属于高等教育的体现。高等职业教育若能更好地坚持强化其高等教育功能，丰富和提高知识层次，必能在更大程度上扩大和提高高职学生的就业选择和市场竞争力，也就在根本上体现了高等职业教育"高"层次、"高"起点的特点。

"高等性"还体现出高职教师教学学术发展性特征，强调了专业发展和教学发展的专深性，特别是创新性。只有进行专业创新和教学创新，才能不断提升高职教师理论水平和技术能力，促进高职教师教学不断发展，以适应千变万化的职业教学环境。

因此，理解和把握高职教师教学能力的高等教育属性，可以从三方面入手。

第一，高等职业教育是与普通教育相并列的另一种类型的教育，学生具备与高等教育相对应的基本条件，其培养的人才规格是一种高等专门人才；第二，要体现职业的高层次，它与中等职业教育培养目标的根本区别在于一个"高"字，在于所掌握的理论和实践技术中的科技文化的含量和水平；第三，高等职业教育要强调培养复合型人才，以适应随经济发展和科技进步而产生的高新技术岗位、技术间和技术与技能间的复合岗位及岗位技术层次高移和技术幅度的加大。

2. 专业性特征

教师素养的高低直接影响未来国民的素质，直接关系到国家和民族的未来。

作为一门古老的教学，随着社会的发展，新知识、新技术、新发明的不断涌现，对人才的素质要求越来越高，教师在培养人的过程中必须掌握专门的知识，经过专门的训练才能胜任教师教学。因此，1966 年，国际劳工组织和联合国教科文组织在《关于教师地位的建议》中就把教师教学定为专业性教学。我国的《教育法》更是明确地规定"教师是履行教育教学职能的专业人员"。在这里，专业即指拥有专门的知识论基础，具有特定伦理定向的特殊教学；专业还意味着一种资质——从事某一特殊行业所必须具有的资格，只有具备了这个资质，取得了相应的资格证书才能从事这个行业。

三、高职教师教学能力的发展特征

高职教师教学能力形成不仅具有阶段性，而且其发展具有一定的特征。了解这些特征，有利于在高职教师教学能力形成发展过程中，采取相应的行为与措施，促进教师教学能力健康发展。

（一）动态性与转化性特征

高职教师教学能力本质上是一种动态的、形成性的过程构建力。从动态性角度来看，高职教师教学能力发展具有动态转换性特征。

1.教师教学能力发展的动态性特征

高职教师在教学实践过程中，随着教学与专业知识不断增加，教学素质和专业技能不断增强，教师个人思维方式和行为方式也在进行新的改组、呈现新的模式，教师人格品质、教学态度与专业精神也会进行相应的变迁，导致教师教学能力整体性发展变化。这种发展变化是在实践、反思、总结、改进、提高的过程中不断进行的，具有动态性发展的本质。

2.教师教学能力发展的转换性特征

教师教学能力发展的每一个过程，都是教师知识、能力在时间和空间上不断"整合"的结果，教师教学能力发展的每一个层次，都是教师自身各方面知识、能力不断优化整合与不断转换的结果。借助美籍奥地利学者贝塔朗菲（Bertalenffy）的观点，组织可以被看作是一个资源整合系统，这个系统从外部环境中吸收资源，通过内部整合转化，然后成功地向外部输出。教师教学能力发展是在不断"获取""整合"知识资源和学识资源过程中，在不断固化旧的、已有的教学能力的基础上，通过不断打破静态能力的束缚，不断用创新来适应教学变革，从而转化派生出新的教学能力。

（二）连续性与递进性特征

对任何一个教师来说，教学能力都是在实践中逐步积累形成的，教学能力的发展贯穿于师资培养和提高的全过程。在这个过程中，教师教学素质与技能由弱到强，教学能力水平由低到高，具有明显的过程连续性和层次递进性特征。

1. 教师教学能力发展具有过程连续性

教师成长要历经职前培育阶段、在职培训阶段和在职任教阶段，并在教学中获得尽可能多的经验及不断反思自己的教学实践才能逐渐达到专业精致境界，实现教师教学能力发展。这种发展是一个累进、动态的过程，有高潮也有低谷；也是一个漫长、连续的过程，伴随着教师全部职业生涯。

2. 教师教学能力发展具有层次递进性

教师教学能力发展不是一个简单的线性发展过程，而是呈现出螺旋式上升的特点。教师教学能力也不只是原来几项教学能力的简单相加，而是类似于经济学中的范围经济和物理学中的共振现象，形成具有结构重组的特征。从教师成长的微观阶段过程来看，高职教师由新教师成长为老教师，由初出茅庐的毕业生发展成为教师行业的专家里手，所有的成长都是由最初的起点——新教师教学能力发展开始，继而通过连续不断的教学行为与过程，逐步达到成熟型教师能力水平。所以，从教师成长的整个历程来看，教师教学能力在发展阶段上不断关联递进，在发展层次上不断反复提高。

（三）复杂性与多样性特征

1. 教师教学能力发展具有复杂性

教师教学能力发展与多种因素紧密相关。首先，学校的教学和科研环境因素。教师任职学校自身条件和环境不同，必然导致教师教学能力发展受到影响，这是不争的事实。其次，整个教育体系的大环境因素，能影响教师职业态度与专业精神，继而影响教学能力发展深度与广度。最后，教学能力的成长因人而异，因个人的智力和知识背景而异，因个人的努力程度而异，即使是起点很高的毕业生，如果不思进取，不能把握教学规律、研究教学方法，那么他也可能会很长时间都处于职业发展中的低级阶段。所以，教师教学能力发展不仅仅取决于个人的努力程度，更关系到教师所处的外部大环境所提供的条件和机会，具有复杂性。

2. 教师教学能力发展具有多样性

教师教学能力发展性是 N 维的，具有多层面、多方向的特点。第一，在教师职业成长的不同阶段，其面临的发展任务和需求不同，培养培训的内容和形式不同，教学努力的方向不同，可能导致能力发展方向有差异。第二，由于个体差异，具有相同教龄和职称的教师也有可能处于不同的职业发展阶段，教学能力发展水平就有可能不一致。因此，教师教学能力的提高需要根据教师不同职业发展阶段所面临的问题和需要来不断做出调整，希望一蹴而就的教师培训方案是不切实际的。在设计或组织教师培训时，必须确定教师教学能力所处的发展阶段，为处于不同发展阶段的教师设计并提供个性化的培训内容和方式，提供不同的外界支持和帮助，这样才能使师资培训达到最高效益，促使教师尽快达到专家型教师阶段。

（四）整体性与自主性特征

1. 教师教学能力发展具有整体性

整体论认为，各个要素一旦组成整体，就具有孤立要素所不具有的性质和功能，整体的性质和功能不等于各个要素的性质和功能的简单相加，而是具有 1+1>2 的效果。按此理论来考察教师教学能力发展过程，阶段性只能描述教学能力发展的局部进程，不能用来说明教学能力整体的发展变化。而整体性则能描述教学能力发展的连续性、有序性、关联递进性的本质，也能方便描述各阶段性能力相互引起又内在拥有的共同体关系。整体性要求学校或教师教育机构对教师教学能力发展计划有全局意识，善于把握阶段性与整体性关系，用整体化、一体化的培养行为，促进教学能力的持续发展。

2. 教师教学能力发展具有自主性

教师发展离不开某种形式的教育、培训，但教师发展主要是内生的，依赖教师自主性发展。一般说来，现代教师具有下列品质：（1）自主意识强。教师生活在知识密集的环境里，通过书本、报刊获取的信息量较大，具有较高的文化水平，对事物比较敏感，善于独立思考，自主意识较强；（2）成才意识强。教师队伍由具有不同专业知识、较高层次的知识分子和行业专家组成。他们都希望在专业上取得成就，技术上有所加强，具有较强的自我成才意识；（3）荣誉感强。教师大都具有强烈的自尊心、自信心，他们要求被尊重和信任，对荣誉极为敏感，在能力上不希望落后于人。这些可贵的品质是教师教学能力自主发展的先决条件。因此，在教学能力发展过程中，需要重视教师自主性、个性化和自我成长发展的诉求，需要唤醒教师最原始的、自我的、主动发展的意识与意愿，需要激发教师主动学习、自我提高及面对外在环境变化和挑战的主动回应精神。

第三章　高职青年教师教学能力的培养途径

高校青年教师教学能力培养应是多方全面参与的过程，至少要由青年教师群体、高校及政府三方来共同做出努力。首先，青年教师应坚持自主发展，这是青年教师教学能力提升的根本途径。这个过程需要青年教师确立坚定的师德信念并始终坚持，不断提高自主学习能力，而且要在教学实践活动中不断进行教学反思。其次，高校应搭建更科学合理的管理制度框架，给青年教师提供一个提升教学能力的良好平台。在这个过程中，尤其要注重教学与科研管理制度建设、教师培训与提升制度建设及教师评价与考核制度建设。最后，政府要提供外部政策保障，这是青年教师教学能力提升的重要外部动力。尤其是在完善教师保障体系和加大财政投入方面做出更多的努力。

第一节　教师自主发展，青年教师教学能力提升的根本途径

青年教师教学能力的提升需要多方面力量共同参与，但是核心主体就是青年教师这个群体本身。青年教师都是刚从校园走上工作岗位的年轻人，往往有着十分高涨的工作热情，却缺少实际工作经验，在教学实践工作中找不到抓手。所谓新手上路，必先明确方向，青年教师必须要把不断提升自身教学能力作为教师专业发展的重要目标和方向。

一、确立坚定的师德信念

党的十八大对教育提出了新的要求，立德树人成为新时期的全民教育思想。高校教师是高等教育的践行者，是立德树人的执行者。高校青年教师是高校教师队伍的新兴力量，应以立德树人为己任，首先就应树立崇高的职业理想和坚定的职业信念。

（一）树立崇高的职业理想

职业理想是高校青年教师职业生涯的长远愿景，树立崇高的职业理想，

教师就会做好科学合理的职业生涯规划，同时会生成强烈的社会使命感和社会责任感。教师职业理想需要经过教师的教育教学实践来实现，教师需要有过硬的教育教学本领，以及教育科研本领，教师职业理想会驱使青年教师认真钻研教育教学业务，刻苦学习和探索教育科学理论，努力开展各项教学内容、教学方法和教学手段的改革，在教学活动当中关心和爱护学生。

（二）建立崇高的道德信念

道德信念是高校青年教师必须具备的基本信念。教师职业不同于其他社会分工，在强调教学业务水平的基础之上首先要具备崇高的道德信念，否则，其培养出的学生质量就会让人萌生疑问。道德信念并不能直接用来评价教育水平和教学能力，提升教学能力也不是直接通过建立道德信念的途径来实现的，但是绝不能忽略和轻视其对青年教师教学能力提升的隐性影响。因为只有拥有了崇高的道德信念，高校的青年教师才会根据自己的师德信念，结合国家要求的高等教育目标来树立个人的教育目标，进而做到严于律己，严于育人，才会奉献青春，全心全意、尽职尽责地投入到高校的教育教学活动中。

（三）建立行为示范的言行标准

人的言行可以折射出人的内心，内心世界的表达就是通过言行来实现的，通过言行来影响周围的人。教师的言行同样反映着教师的内心世界，并通过言行的表达来影响着学生。如果教师言行得体，那么一言一行都对学生起着表率作用。如果教师言行不恰当，那么一言一行都会对学生产生不良的影响。所以，教师在课内课外都要时刻注意自己的一言一行，这就要求高校青年教师建立起合适的言行标准，以"教书育人"的神圣职责要求自己，给学生树立好的榜样。

二、提高自主学习能力

高校青年教师要不断提高自主学习能力，这是提升教学水平的根本途径。对青年教师而言，有崇高的教育理想和先进的教育理念是完成教学任务的前提，能灵活合理运用教学手段与方法是基本路径，而掌握先进和前沿的专业学科知识及教育理论知识则是高质量完成教学任务的根本保证。这些内容都需要青年教师不断进行自主学习，提高自主学习能力，这已经成为青年教师开展教育教学工作的一项必然要求。青年教师只有通过对本专业领域前沿知识的不断学习、积累，才能在教学过程中把前沿知识传授给学生。

（一）提高业务知识的学习能力

我国进入高等教育大众化以来，高等教育规模迅速扩张，大量高素质的年轻人进入了高校教师队伍，成为高校青年教师。这些青年教师一般都具有硕士及以上学历，专业基础系统扎实，工作热情高，学习能力强，甚至还有很多青年教师具有海外留学的经历，有着更为广阔的视野。但是，这些教师当中系统接受过教育学专业训练的人不占多数，大量的青年教师由于刚刚接触教育教学工作，对教育教学的基本理论、基本方法、基本手段的掌握不够专业，不够细化。那么，加强这些方面的自主学习也就成为必然要求。青年教师的思维较活跃，通过加强学习，容易在教学过程中推陈出新，创新教学手段和方法，用全新的教育理念去获得较好的教学效果。

（二）提高专业发展的学习能力

青年教师刚投入到教学工作中，自身教学经验不足是必须经历的过程，这个过程如果不能得到较好的处理，就会使教学内容变得枯燥无味。有的青年教师不擅长人际交流，那么在教学过程中就会缺乏与学生之间的互动，互动不足，又会加剧教学枯燥现象的产生，会在一定程度上影响学生的学习兴趣。另外，由于受到学校教师或教学评价及老教师的影响，青年教师往往会产生重科研、轻教学的问题。固然，学校在引导教师方面起基础性作用，但是青年教师主动处理科研与教学之间的关系更为关键，如果青年教师不能妥善处理好二者的关系，势必会导致自身教学能力的停滞不前。总之，青年教师要始终坚持提高专业发展的学习能力，并清醒地认识自身的优势和不足，在教学实践中不断进行学习总结，自身教学能力才能逐步得到提高。

三、进行教学反思

教学反思是教学能力提升的基础，是教师进行教育教学研究最直接、最有效的切入点，可以克服教师在教学当中的思维惯性，对促进教学能力发展有重要的作用。教学反思对于提升青年教师教学能力起着重要作用，青年教师应构建出一套因时因地不断灵活变化的个人知识体系，从而提高自身的教育教学能力。只有促成教师养成自觉进行教学反思的良好习惯，在教学实践的过程中不断地体会、追问和总结，教师才能逐步摸索出教学的规律，提高教学能力。

（一）拓展教学反思的内容

一般来说，教学反思的内容较多，凡是在教学过程中的点滴都可以进行教学反思，针对青年教师来说，最为重要的是对教育思想和教育实践的评价、反馈与调节，通过教学反思来总结教学过程的成果，寻找教学过程的不足，从而实现教学水平的提高。因此，应该积极拓展教学反思的内容。这里将教学反思归纳为四种主要方式。

一是写反思日记。反思日记是青年教师进行个人教学反思最简单实用的方式。教师将自己的教学手段、方法进行梳理，观察学生针对教学过程表现出来的各种反应，可以对自己的教学水平做出最直接的评判。

二是观摩教学。高校应该给青年教师提供更多观摩教学的机会。观摩教育可以为教师提供一种良好的反思环境，促使青年教师在成熟教师和骨干教师的课堂上汲取营养，能自在地学习教学方法及手段，在观摩教学后与其他青年教师分享与反思观摩教学经验，为提高自身教学水平提供理论和实践参考。

三是讨论教学。讨论教学的实质是将个体教师的自我教学反思转换为教师群体的集体教学反思，通过开展讨论教学活动，将个体思辨性的反思活动延伸为整个教师集体的反思实践，将其制度化，更可以将其转化为教师自我培养的一股重要内部力量。

四是开展行动研究。这也是一个学习型组织的重要特征，在不同的高校教师群体中开展教育教学反思，可以设定具有不同侧重点的引导指向，引导青年教师反思教学过程，甚至是职业生涯，有目的地改进教学策略和职业发展策略，进而促进教学水平的提高。

（二）教学反思应保证其连续性

首先，刚进入高校投入人才培养工作的青年教师还处在一个早期职业探索的阶段，对其职业、业务的理解尚未达到成熟水平，此时进行自我反思，也是对早期职业生涯的一种反思，可以分析出自己的教学工作存在哪些不足，并以审视的眼光反观自己的教育理念、教学思想、教学方法，对待教学和学生的态度、表现出来的言行和情感能否达到学校人才培养的基本需求，以寻找和解决问题为抓手，在实践中不断检验和完善自己的教学技能，提高自身的教学水平。青年教师只有持续不断地实践、反思，才能促使教学实践能力不断得到提高。其次，反思是一个持续的工作，不可浅尝辄止，而是需要日积月累，持之以恒。作为青年教师，切忌在取得一定进步之后就开始自满；在使用某种教学方式得到一定效果后，就停止对其他方式的尝试。

第二节　学校制度构建，青年教师教学能力提升的良好平台

教学能力的培养虽然主要是青年教师队伍自身努力的结果，但也与学校的重视、支持及所采取的相应措施密不可分。高校所搭建的管理制度框架，是青年教师提升教学能力的主要平台。青年教师的教学能力主要表现在教学活动中，又通过教学活动逐渐形成和提高，但这并不是青年教师教学能力提升的全部。其他诸如科研能力提升、实训制度与评价制度也应是学校制度建设应充分考虑的内容。

一、教学与科研管理制度建设

对高校的青年教师水平的评价包括教学水平和科研水平，二者的组合形成教师的专业发展水平。我们知道，不同的制度安排会导致教师不同的行为。目前来看，大多高校的师资队伍建设都会出现明显偏向科研的倾向，这无疑会导致青年教师过分重视科研而轻视教学现象的出现，势必会影响青年教师在教学方面的精力投入。因此，要改变这种现象，高校应该制定合理的教学与科研管理制度，突出教学工作量的重要性，在教学方面的制度安排上应体现出与科研成就同等重要的地位，并在考核与评价中增强教学评价的比重，正确引导青年教师合理地分配教学、科研的时间和精力。应该规定青年教师教学工作量的计算方式，例如，教师在固定时间内需要授课的总课时数等，并且要严格执行，把教师必须完成的最低课时数作为其工作任务是否完成的主要测量点，并应通过学生的期中、期末考试成绩，参加各种竞赛的成绩来反映青年教师的教学成绩。

要积极组建教学研究团队，构建教学指导体系，打造过硬的师资队伍。为加强青年教师队伍建设，必须构建有效的青年教师教学指导体系。积极组建教学研究团队，以团队力量为依托提升青年教师教学能力。学校要定期开展以提升教师教学能力为主题的团队活动，充分发挥团队作用，促进教师教学能力的提升。构建青年教师教学能力指导体系，主要分为三个部分：一是教学导师个别指导。学校为青年教师配备一名教学经验丰富的老教师担任导师，手把手指导。二是教学团队集体指导。采用"一人讲、团队评"的形式，由

一位青年教师就所教课程选定章节讲课，教学团队的其他成员评课。三是教学督导跟踪指导。主要是指高校聘请教学水平高的老教授担任教学督导，进入教学课堂，跟踪听课，及时点评，帮助青年教师尽快提升教学能力。另外，要积极促进青年教师在教学方法、教学手段方面的积极创新。

二、教师培训与提升制度建设

教师培训是青年教师教学能力提升的基本保障，在培训内容上，要依据教师需求，总结和吸收新的研究成果，更新培训课程教材，并辅以鲜活的教学案例，增强培训效果。应加强教师培训与提升制度的建设，在培训形式上应多元化，针对不同类型的教师的培训需求，采用灵活多样的培训方式。在过去的青年教师队伍建设和使用的过程中，许多高校都存在"重使用轻培养甚至不培养的现象"，这就使得部分青年教师变成"为了教学而教学、为了科研而科研"的机器，把青年教师变成了工具。而为了改变或避免此状况，就需要加强教师培训与提升制度建设，搭建青年教师教学能力提升的制度体系。

（一）入职前的培训制度

对青年教师进行入职前培训，是提升其教学能力的主要途径和基本保障。这一结论已经成为提升青年教师教学能力方面研究的一个普遍共识。

入职前教育主要是指岗前培训，通过入职前培训，可以使新入职的青年教师学习高等教育与实践教学的相关基本理论，对高校教师的职业特点和职业要求进行初步理解，进而逐步内化，提高自身教学水平。另外，教师基本素养要在入职前的教育中逐步形成，这样才能为青年教师在实际工作中更好地履职夯实基础。构建入职前培训体系应包括师德师风培训、教育理论培训、学校相关管理制度培训、教育教学技能培训四个方面。然而，目前我国高校的青年教师入职前培训存在培训内容陈旧、培训人员的专业化程度不高、培训的形式单一等问题，这些问题都会造成青年教师入职前培训效果不佳，因此，应该在以下几个方面予以改进。第一，更新和补充旧有的入职前培训内容，甚至是进行彻底的更换，不仅要完善经典的培训内容大纲，更要选择当前最新的教育理论和观点作为主要内容，将已经濒临淘汰的旧观念淘汰出培训内容。同时，应该将高校的校史校情教育和师德教育分别作为独立的培训课程进行专门培训，此种培训内容的选择目的是让青年教师通过培训来了解学校的办学情况和办学目标，自觉形成符合学校底蕴和教风的教育理念。第二，建设青年教师入职前培训的专门化教师队伍。一般来说，青年教师的入职前培训都是由学校的人事部门来组织和发起，并由人事部门负责选择培训人员，通常会聘请一些本学校内的资深教学名师和本领域的教学专家来担任培训教师。但是，如此遴选的教师具有流动性，不能确保其常年坚守入职前培训岗位，不能形成系统的培训内容体系。那么，建设一支青年教师入职前培训的专门化教师队伍就变成了一种长期需求。专门化的培训教师应主要进行教学规律研究，在青年教师的入职前培训中，除了要承担主要的培训工作，还要定期或不定期地组织青年教师进行教学观摩和教学比赛，并要对青年教师入职之后的教学水平发展进行检测，并为青年教师的整个职业生涯提供帮助。第三，改变过去传统的一讲多听的培训方式，去掉那些冗长而又枯燥的陈旧理论课程，把组织小型的教学讨论、命题式的相互点评试讲等形式的活动作为一项创新点来实施，并让主讲教师在青年教师的互动之后给出中肯的评价。总之，要积极推进上述改变，将理论同实践紧密结合，才能让高校的入职前培训真正为青年教师的教学能力提升服务。另外，应特别重视并提倡青年教师的教学技能培训。教学过程是知识转化的过程，知识转化能力很大程度上要受到教学技能的影响，因此应在高校内部设立专门的组织机构，为青年教师教学技能的培训提供平台支持。除了组织大型专项机构培训，还可在青年教师平时的教学工作中，穿插基于加强青年教师专业知识理论和扩大青年教师知识面的小型培训活动。

（二）入职后的培训制度

青年教师要时刻保持自己的知识水平和教学水平处在高位，并要不断充实，持续提高。然而，面对时刻涌现的教育教学的新观念和专业学科的新知识，青年教师虽然能很快接受并加以运用，但是难免会在教学过程中产生知识更替带来的教学不适感。当原有的知识体系受到新知识新理念的冲击时，需要青年教师不断地内化吸收。人们在面对新事物和新知识时，往往会有一种指导依赖，希望能从更有经验的专家那里获得经验。青年教师走上教学岗位以后，已经完成了从学生到教师的身份蜕变，虽然有获得指导的强烈渴望，但是靠自己很难来实现。而在这种矛盾下，青年教师的入职后培训就会起到很好的作用。从青年教师入职后培训的功能来看，其不但能满足青年教师对知识的需求和渴望，还会在某种程度上解决一些职业困惑，甚至是人生困惑。从精神层面来说，入职后培训应对入职前培训进行延展，帮助青年教师巩固已经形成的教育观，并进行修正和升华，形成终身教育观。从知识层面来说，人职后培训应该更加专业化、多样化，如广泛开展教师技能比赛、教学研讨会、素质拓展训练等。

推行"青年教师导师制",让经验丰富的教师作为青年教师教学能力提升方面的导师,传授经验,指导困惑。然而,有学者对这种带有"现代学徒制"性质的导师制运行实效进行过调查,结果显示,导师制对青年教师的帮助并不是很大,这主要和老教师的教学任务繁重及应付心理有关,其根本原因就在于老教师缺少帮扶青年教师的意识和动力。这就对学校在老教师参与青年教师培训方面出台合适的奖励办法提出了要求。

(三)青年教师的后续培养

高校青年教师的后续培养是提升其教学能力的手段之一。而对于入职一段时间之后,已经历过入职前培训和入职后培训的青年教师,学校应实行一系列激励和保障措施来实施青年教师的后续培养工作,以此来促进和保障教师培训的有效实施。

在青年教师入职过渡完成后,高校应该为青年教师的专业发展与能力提升创造和提供更多的机会。如,有的高校不仅建立了教师发展资源中心、教师专业发展中心,还会努力为教师提供各项资助和奖励,帮助教师建立教学档案,一些条件更好的高校还会定期邀请校外专家到学校来为青年教师提供专业发展的指导。通过交流活动来发掘青年教师的发展潜力与优势,在分享教学经验的同时,还能接受老教师和领导的评价与指导。这些措施、活动的开展逐渐形成青年教师职前、职后阶段教学能力培养的一体化体系,对青年教师提高教学能力提升有很大的促进作用。

在高校青年教师职业发展的中期,其教学水平与能力趋于稳定和走向成熟,成为高校教学任务的主要承担者。但在其任教5~8年后会进入教学发展的"高原期",在这个时期,青年教师的职业倦怠情况可能就会出现,教师教学能力提升幅度不大,教学发展陷入停滞不前的状况。高校应该清楚地认识到,不同的教师出现"高原期"的原因不同,其中共性与差异性同时存在,在进行教师培训的过程中应予以充分考虑。例如,可以在培训内容和方式上涵盖相关的心理培训、新的教育理念的培训等共同的培训,也要有一些小型针对不同群体的差异性培训。在培训方式上,采取教师之间的相互交流和反思、专家的讲座和个体咨询等相结合的方法;在培训时间上,要经常性地举行相关的活动,以帮助青年教师渡过教学发展的瓶颈期,走向更加成熟的教学能力稳定期。

此外,可以积极借鉴其他国家高等教育领域的做法。目前,在部分高校中有的已经制定了专门的学术休假制度或者是与之相关的一些规定,但是真正实施此项制度的高校为数不多。所以,可以引导学校放宽对学术休假的限制，规定青年教师在工作一定年限之后，有权利跟学校申请一定期限的带薪学术休假，利用休假时间外出访学和学术提升，从而获得教学反思和进修的机会。

三、教师评价与考核制度建设

教师群体相对于其他社会群体来说具有一定的特殊性，无论是从教师本身还是其工作性质来说都是如此。学校在评价制度的建设方面应该设计得更加完善，既要囊括灵活、有弹性的量化评价指标，又要采用灵活的评价方式，照顾到高校教师尤其是青年教师的职业在空间上的拓展性及在时间上的延续性。总之，教师评价是学校教育工作的重要方面，建立科学合理的教师评价与考核制度将会对促进高校青年教师提高教学能力产生重要作用。

（一）教师评价制度建设

第一，要建立由重科研转向教学与科研并重的教师评价导向。在高等教育的三大职能中，培养人才是其根本使命，也是高校的基本任务，所以，高校要坚持把促进学生健康成长作为学校的中心任务来抓，将其作为一切教育工作的出发点和落脚点。而以往学校不能认清这一点，过多强调科研，在教师评价方面也过分看重科研贡献，而忽视培养学生这一基本任务。这样的评价导向出发点是旨在要求教师完成教学工作之后去追求科研领域的学术水平提升，但在实际工作中却出现了偏差，给高校的青年教师带来了不良的职业导向，使青年教师过分重视科研工作而轻视教学工作，从这个角度来说，原有的教师评价导向不利于青年教师教学水平的提高。

因此，要改变高校现有的重科研、轻教学的评价导向，根据学校的实际办学定位，建立起教学与科研并重或者是注重教学的教师评价导向，使教学成为评价教师众多指标当中更重要的一项指标，并且要在评价中注重教学考核结果的应用。以此为前提，高校才能建立一套更为合理的教师评价体系，进而来引导青年教师教学能力的提高。

第二，设定由终结性评价变为发展性评价的评价目的。高校各项工作的开展需要不断改进和修正，但是要在坚持与时俱进的同时做到不忘初心。对教师进行评价工作也是如此，其目的不是证明教师工作是否称职，而是为了教师利用教师评价来找到工作的不足之处，进而加以改进。然而，很多高校现行的教师评价制度已经偏离了开展的初心，大量采用终结性评价，并将其评价结果拿来作为教师聘任、晋级、奖励等人事决策的依据。而这样的评价目的会造成评价工作的跑偏，给青年教师带来错误的引导，会让青年教师产生应付教师评价工作的抵触情绪，不能真正利用好教师评价的结果。这就要求高校在教师评价工作中把发展性评价作为评价目的，追求教师的专业发展，促进教师提高教学能力，把教师评价变成一项集激励、引导和教育于一体的教师专业服务体系，以此来引导高校青年教师合理利用教师评价的各项结果，并将其作用于教学质量的提高。

第三，要积极反馈各项教师评价结果。如前所述，许多高校在进行教师评价的过程中没有明确评价目的，因此评价结果的利用不好，大量有用的评价结果被高校的人事部门雪藏和保密，并没有将评价结果和改进意见对教师进行反馈。可能高校的人事部门更多是出于教师管理方面的考虑来做出这样的工作安排，但是这样做不利于帮助教师改进教学问题和提高教学水平。对青年教师尤其如此，及时公布评价结果，会让青年教师更有目的、有意识、有针对性地对自身教学过程存在的问题进行改进。所以，高校在进行有成效的教师评价后，还是应该将评价结果更为及时、有效地反馈给被评教师，尤其是青年教师。当然，为了突出评价的激励功能，高校可对评价的结果在一定范围内公开，并对排名靠前的教师给予一定的奖励，肯定优秀教师在教学中做出的成绩，也激励其他青年教师努力提高自身的教学能力。

（二）教师考核制度建设

与教师评价相似，目前大多高校在教师考核方面也出现了明显偏向科研的倾向，这个倾向导致了教师重科研而轻教学的现象，也给高校青年教师的科研与教学观带来了一定的误导。为了扭转这种误导带来的青年教师轻教学的现状，高校应针对这种现象制定合理的教师考核制度。

首先，针对教师考核，应该明确教学考核的内容，如多少教学工作量能够达标、应该完成怎样的教学质量、能否进行教学创新等。尤其是针对已经走向成熟的教师，更要在考核中突出教学方面的重要性，增加教学工作量在教师考核体系中的分量，以此来正确引导青年教师认清教学与科研的关系，理顺两者的关系，进而做到合理分配教学、科研的精力和时间。

同样，评价的结果依然可以把青年教师的教学表现与教师的聘用、晋升、奖金发放联系起来，同时我们也可以尝试设立专门的教授席位，奖励教学成绩突出的教师。在职称评审中，我们也要强调教学，实行"一票否决制"，不论教师在科研领域取得多么傲人的成绩，在教学方面未有建树的话同样不能晋升。更要严格以"教学水平""教学业绩"为杠杆，打破教师职务聘任中的种种制度壁垒,严格挑选教学能力强的教师到教学一线,做到能者有其位、庸者无其岗。此外,应该强化课堂教学的随机考评,以提高教学的"实际重要性"。

其次,应切实发挥师生评价和教学督导的作用。从教师考核角度来看,多数高校建立了学校、教师、学生三者考核的机制,但是许多参与者在考核过程中占有的权重和分量不同,导致制度实施的偏差。对于教师自评来说,目前存在重视程度不够的客观问题,这也是长期教师自评制度安排不合理的必然结果,那么,如何设计教师自评和自我考核的形式是解决这一问题的主要抓手。学生评价本来应是教师评价的重要一环,但是也许是出于学校人事部门综合管理的考虑,学生的评价结果往往不能成为教师考核的重要关注点,这是在今后教师考核中不应回避,而要主动解决的问题。

学校督导是教师考核最重要的手段,也是目前高校普遍采用的做法,并且很多学校都设置了教学督导组。教学督导组对青年教师的教学情况进行督察,可以发现并指出青年教师在教学过程中的主要问题,提出改进意见和方法,从根本上指导青年教师解决问题,以促使青年教师教学能力不断提高。但是,在实际操作中,督导组的考核出现了从过程性向目的性的偏差,没能很好地发挥其作用,需要在今后着力改善,还要在创新考核与督导的方法上进行创新。例如,采用录像观摩进行督导,将教师的授课情况录下来,让上课教师本人以旁观者的眼光冷静地观察分析整个教学过程,同时录像也能使教研组成员在教研会议中边看边议,生动形象。要依靠教学督导和教学调研对青年教师的教学质量进行把关。教学督导一方面敦促青年教师遵守教学规范,另一方面凭借自己丰富的教学经验对青年教师进行针对性指导。

第三节 政府政策保障,青年教师教学能力
提升的外部动力

在青年教师教学能力培养的外部力量中,政府的政策保障是不可或缺的。尤其是在中国进入高等教育大众化阶段后,高等教育质量的保障任务艰巨,建设高水平师资队伍的需求也变得更为迫切,尤其是如何全面提升青年教师队伍的教学能力更是提高我国高等教育质量的当务之急。政府对教师教学能力发展的影响主要是通过政策引导、制度保障、经费支持等来实施的。政府的保障和支持为教师教学能力发展提供宏观环境,为青年教师教学能力发展路径的有效性提供坚实的基础。

一、加强政策引导

提高高校青年教师教学能力是建设高水平高校师资队伍的重要组成部分，是保障高校人才培养质量的重要一环，也是当今时代对高等教育做出的必然要求。对高等教育发展来说，政府的作用占据了很大的比重。青年教师教学能力与水平的提升是其自身发展与提高的客观需要，为此，政府应主动考虑这些需求，出台相关政策，规范和引导高校建立适合本校特色的教师培训机构，例如，教师教学发展中心、教师专业发展中心等，引导高校推进教师培训工作常态化、制度化，推动高校青年教师队伍建设工作规范化、制度化，切实提高青年教师教学能力和水平。

（一）完善现有关于教师的法律法规

法律法规是指导教师队伍建设最有力的依据，在法律法规的具体条款中应关注青年教师的培养。但是，在我国现有的法律条款中，对相关内容的规定都较为宏观。如，《中华人民共和国高等教育法》对涉及高校教师合法权益的某些条款表述为"第五十条，国家保护高等学校教师及其他教育工作者的合法权益，采取措施改善高校教师的工作和生活条件"。该表述就比较笼统、含糊，对其实施主体的规定不明确、责任主体不清楚。第五十一条虽然提出要为高校教师组织培训，但对培训的机构、形式、内容等均未做具体说明，操作具有难度，造成各个高校在培训教师时无章可循。这就要求地方政府积极出台相应的配套政策或者是落实意见，例如，陕西省针对提高青年教师教学能力的国家要求出台了《陕西省普通高等学校青年教师教育教学能力提高培训指导意见（试行）》。再如，《中华人民共和国教师法》提出对教师的工作态度与绩效、思想和业务等内容进行考核，但是没有对考核指标做出具体的规定。仍然需要出台对此款内容进行细化的规定，明确责任主体，明确实施过程。应在完善现有的教育法律法规，细化相关条款的同时，出台相应的配套措施，让青年教师教学能力的提升和保障有法可依、有章可循。

（二）完善教师的资格准入和退出制度

在劳动力市场上，完善职业资格准入和退出制度是广泛的需求，在高等教育领域也是如此。目前，我国高校在教师准入和退出方面并未建立完善的制度，往往在准入方面比较宽松，注重求职者的学历、学位、出身情况，而对青年教师是否接受过专业训练、是否具有成为合格教师应有的素质，在其教学能力提升方面是否具有潜力等软条件不加关注，甚至有很多高校在招聘教师时规定，应聘者只要具备硕士、博士学位，或者是海归硕士、海归博士，就可以被录用。相关的法律规定也有此倾向，如《教师资格条例》实施办法就有针对具有博士学位和副教授职称人员可无需接受岗前培训的规定，这样的规定天然地形成学历导向，也使得高校开展的青年教师入职培训变得形式化。

在高校教师资格认定方面，一些省区市规定"高等学校拟聘任副教授职务或有博士学位的人员申请认定高等学校教师资格，其教育教学基本素质和能力考察及普通话水平测试可不作规定"，这样的规定忽视了对这些人成为合格教师的基本潜质和素养的考虑，不能全面地考核其可能具备的教学能力。因此，国家应严格规定高校教师准入条件，对于拟申请高校教师资格的，无论其学位多高，即使取得了博士学位也需要对其教育教学基本素质和能力考核及普通话水平进行考察、测试，不合格不能认定教师资格，同时应对高校教师资格有效期做出年限规定，几年后应重新认定教师资格，重新进行教学能力考核，促使教师发展与时代相适应的教学能力。

在高校教师资格的退出机制方面，要进行教师资格证终身制的改革，打破老教师安逸的生存状态，给青年教师提供更多的上升空间与上升通道。我国实行多年的教师资格证制度最大的漏洞便是"终身制"，会使取得资格证的教师不再把职业训练作为重要关注点，忽视职业能力的提高。

"终身制"使得教师资格证成为教师职业的敲门砖，一旦拿到，原有的忧患意识和危机意识就会被淡忘，失去上升的动力，在教学中不断寻求自我发展的上进心也会逐渐被消磨。在教师资格证的"终身制"被打破以后，教师职业危机感就会产生，也会驱使教师在职业能力的提升方面继续保持警惕。然而，区别于中小学的教师资格证，高校的教师资格证更容易取得，其审核的程序也相对简单。有关部门应建立高校教师资格证的年检或抽检机制，也应设定有效期限。改革教师资格证制度是青年教师增强教学动机、提高教学水平的制度推动力，有助于青年教师在教学中投入足够的精力，从而保证教学质量。

二、完善教师保障体系

高校青年教师的教学能力提升，需要占用青年教师很大一部分精力，如果没有若干措施来保障其发展，那教学能力提升的效果就会大打折扣，这就需要政府进一步完善青年教师发展的保障体系，由学校和政府共同来提供多方面的保障机制，促进青年教师教学能力提升。

（一）改善收入分配体系

在教师的保障体系中，收入分配体系是重要一环，是他们工作的物质基础，更是青年教师最为关注的一点。在市场经济条件下，就应坚持按照市场经济规律来办事。在高校的管理中，要建立一个多劳多得、优劳优得的收入分配体系，并且要采取多重保障措施来优化分配体系，只有这样的分配环境，才能充分发挥青年教师的主观能动性。改革可能会触动多方利益，协调好各利益相关者的关系就会成为一个难题。美国心理学家亚当斯（Adams）在进行大量调查的基础上发现，一个人对他所得的报酬是否满意不仅是看其绝对值，而且要进行社会比较或历史比较，看其相对值，通过比较，判断自己是否受到了公平的对待，从而影响自己的情绪和工作态度。高校青年教师年轻气盛，容易冲动，如果他们得到的报酬与付出的劳动不成正比，没有体现按劳分配的原则，极有可能挫伤他们的自尊心，在工作中产生消极的情绪。所以政府要引导建立公平合理的收入分配制度，提高青年教师的起点工资标准，运用经济杠杆调动青年教师的心理动机，进而充分调动他们的工作积极性。

（二）坚持实施高校青年教师资助制度建立

高校青年教师资助制度是让青年教师全身心投入到教育教学工作中的重要途径，也是让青年教师主动提升教学能力的重要措施。过去一段时间，高校在引进高水平人才方面的投入相对于当前要更多一些，除了薪金优厚，青年人才的晋升平台搭建、青年人才的生活条件保障都能够得到满足，这都得益于高校吸引人才战略的实施。但是，随着高校教师队伍规模的扩张，更多具有高学历背景的青年人成为教师，许多高校也在资助青年教师方面放缓了脚步。放松了对青年教师的资助，客观上节省了学校的经费支出，但是却不利于改善新进教师的生活与工作条件，使青年教师不能在职业生涯的初期全力投入高校的教育教学工作，更不利于青年教师的教学能力提升。因此，政府应主动承担资助青年教师发展的任务，支持高校实施高校青年教师资助制度，保障和加大对青年教师的支持力度。例如，可以在实施"青年千人计划""青年拔尖人才支持计划""长江学者奖励计划"中增设专门的项目来支持具有发展潜力的优秀青年教师，在各项科研项目中加大青年教师专项项目的比例，等等。

三、加大财政投入

经费是高校运行的基本保障，同样，经费也是开展青年教师教学能力提升与发展活动、教师专业发展的最基本保障。教育事业的发展离不开政府部门的重视和资金的投入。

（一）政府部门加大财政投入

政府部门应该加大财政投入，投入专项经费来运转青年教师教学能力提升的各项工作。可以说，高等教育改革的成败关键在于高校教师的教学能力的高低。为此很多国家和地区都为高校教师，尤其是新入职的青年教师教学能力的提升创造良好条件，出台了相关政策。我国也同样在保障教师的基本待遇方面做出了诸多努力，制定了一些相关性政策。从当前的现状来看，虽然最近几年国家对教育的投入逐年增加，生均公用经费大幅提升，但是，大量的经费都用于学校规模的扩张、学校外延的扩展，使得各类高校的硬件设施都得到了极大的改善，而对于高校发展的软实力，尤其是教师的专业发展和教学能力提升的关注度不够。另外，由于其他多方面的因素，我国已制定出台的许多政策还没有落实到位，也导致了经费无法很好地利用。不仅是这样，在我国的欠发达地区，甚至存在教师基本工资都不能按时保量发放的情况。在这些不发达地区，高校青年教师的工资待遇偏低，使得青年教师不能全身心投入到教学与科研实践活动中，从而出现青年教师职业倦怠现象。这些在青年教师职业生涯早期产生的不良情绪，甚至会影响到青年教师教育观的形成，从长远看，不利于他们教学能力的发展。解决这个问题不仅要有政府的重视、高校的人文关怀、青年教师自身的努力，更重要的就是制度安排的合理与经费支持的得力。中央和地方政府应安排专项资金，重点支持高校，尤其是西部高校实施"教师教学能力提升"的建设项目，减轻高校自筹经费压力，确保计划的每一步都能落到实处。按照统一规划、分账核算、专款专用的原则，制定专项资金管理办法，项目资金的管理和使用须接受教育、财政、审计等部门的检查。政府部门应在国家要求的框架下保障青年教师发展的基本经费，除此之外，欠发达地区还要把地区间差异性因素考虑进来，克服困难，适度地增加青年教师培养的经费，为高校青年教师教学能力的提升与发展提供更有力的人力、物力、财力保障。

（二）政府引导社会资本参与

由政府来引导社会资本支持青年教师能力提升。我国高等教育对教师的专业发展十分重视，也投入了大量的经费，但是在经费的来源渠道等方面还没有得到更全面的拓展，在此方面，我国可以积极借鉴国外发达国家的经验。

第四章 有效推动教学创新

第一节 高等职业教育人才培养目标下的课程体系建设

在构建现代职业教育体系的背景下，如何遵循"以人为本"的理念，正确把握高职教育规律，构建完备的现代职业教育课程体系，是我们需要认真解决的问题，也是高职教育教学创新的重中之重。

一、高等职业教育人才培养目标的再审视

（一）构建现代职业教育体系对高等职业教育课程体系建设提出了新要求

2014年2月26日，国务院常务会议提出，要打通从中职、专科、本科到研究生的上升通道，引导一批普通本科高校向应用技术型高校转型。随后在6月份发布的《国务院关于加快发展现代职业教育的决定》和《现代职业教育体系建设规划（2014—2020年）》中为高职院校转型提供了政策依据和实施路线图。随着现代职业教育体系建设路径和发展目标的不断清晰，重新思考高等职业教育在整个职业教育体系中的地位，是实现不同层次职业教育协调健康发展的基础。现代职业教育体系建设要求不同层次的职业教育人才培养目标既要以就业为导向，又必须相互衔接。因此，促进人才的可持续发展对高职院校课程体系建设提出了新的要求。

（二）职业教育的复杂性对高等职业教育人才培养目标提出了更高的要求

整体而言，社会对"职业教育"在人才培养目标方面的价值期待包括两个方面，即培养合格的从业者和合格的公民。在现实中，与区域经济社会发展的紧密联系、不同专业的特殊性及生源的多样性等因素，决定了职业教育的复杂性。

当前，对高等职业教育人才培养目标不管是技术型人才还是技能型人才的定位，都充斥着"工具主义"的价值倾向而缺少对职业教育人本价值的关怀。从功能与价值看，职业教育既要满足和促进经济社会发展，同时还要兼顾学生综合素质的提升；在满足学生一次就业能力的同时，又要满足学生再就业能力的提升。由此，满足学生可持续发展的需求，以及对职业教育本体价值的关注，都要求为学生搭建起满足其终身发展的人文素质教育体系，但对经济社会发展的期待又客观地要求职业教育为区域经济发展提供多种规格、不同层次的技术技能型人才。职业教育人才培养目标的这种"双重性"，一方面要求建立起中等职业教育、专科及本科高等职业教育的有效衔接体系，另一方面也对中高职衔接提出了更高的要求，建立中高职既能内部有效衔接又各自相对独立，能为区域经济社会发展提供"留得住、用得着"的各级各类人才的职业教育体系。

二、高等职业教育课程体系建设的基本原则

为推进高等职业教育内涵建设，提高高等职业教育质量，体现高等职业教育的特色和水平，在课程体系建设中要遵循以下基本原则。

（一）基础课程体现高等教育属性

基础课程是指体现高等教育基本知识、理论、文化水准的课程，学习基础课程是接受高等教育的学生必须达到的要求，基础课程包括思政、法律、美育、数学、信息技术、外语，以及一些重要的专业课程如经济学、管理学、会计学等。无论是作为职业教育的一个"层次"还是作为高等教育的一种"类型"，高等职业教育都应该在高中起点的基础上，结合人的发展、专业的学习开设相应的课程，以满足相关的培养要求，使学生达到相应的学识水平，掌握相应的文化和专业基础理论。

（二）专业课程面向产业和职业岗位

高等职业教育在基础课程满足高等性要求的同时，必须充分体现职业性要求，要把对接产业、接轨行业、服务企业、面向岗位作为基本依据。第一，面向社会办学，坚持开放办学、开门办学，自觉研究和适应社会需求，提高社会适应能力；第二，面向行业办专业，根据行业和产业发展的要求，开设、调整、更新、优化专业设置，调整人才的专业方向，彰显专业的高职特点、区域特征和学校特色；第三，面向岗位设置课程，其中尤其是主干核心课程的设置，要基于本行业发展中岗位的需要，实行以岗位群为导向，使课程学习体现教学做统一、知行统一、学用一致原则。

（三）技能课程直接对接实际需求

高等职业教育有其很强的职业性要求，强调学生具有面向一线岗位、从事一线业务的实际动手能力。因此，从业资格证书和技能操作证书是极为重要的要求。我们通常所说的"双证书""1+X"证书试点就是指学生除了传统的毕业证书，还必须有一定的从业资格证书或技能等级证书，如会计专业的上岗资格证书、金融专业的外汇从业资格证书等。这就要求高等职业教育在统筹研究教学内容和教学项目设计时，必须把握行业企业和职业岗位所需要的基本职业资格证书和技能操作证书，并安排相应的教学、训练和考核内容，尤其是要引进行业企业和人力部门的考核，使学生不仅会做，而且要有管用的上岗证书。

三、完善高等职业教育课程体系建设的配套措施

（一）构建完备的教材体系

高等职业教育的课程应该有基础性、专业性、操作性三种模式，相应地，教材建设也应该有三种不同的体系。一是基础性课程体系，这一体系相对成熟，也相对稳定，应该采用比较有质量和水平的统编和规划教材；二是专业性课程体系，这一体系可鼓励由学校或行业教育指导委员会同有关部门联合编写，或者由较高水平的学校牵头编写，由行业教育指导委员会推荐使用；三是操作性课程体系，这一体系直接对接证书考核部门，采用教、练、考相统一的方式进行，具有较强针对性。

（二）实施灵活的课堂教学方法

课程要有效，关键在课堂。高等职业教育的课程应该有基础性、专业性、操作性三种形式，依据三类课程的不同性质，研究运用不同的教学方法十分必要。一是对基础性课程而言，要提倡由严谨、系统的知识传授方法来加以落实，注重科学性、准确性；二是对专业性课程而言，既强调理论与实践紧密联系，课堂与社会紧密对接，又强调学做结合，理论教学与案例教学、情境教学协同，以提高教育教学的有效性和针对性；三是对技能操作性课程而言，则采用教、学、练相统一，课内方法与课外自练相结合的方式。

（三）建设专兼结合的教学团队

实现和提高高等职业教育的效率和水平有赖于教师的素养、水平和责任。从总体而言，需要建设一支专兼结合、双师组合、机制融合的教学团

队。具体到不同的课程，可以用不同的方式。基础性课程要求教师和团队以教学研究型为主，强调知识的系统性，强调理论严谨、基础科研。专业性课程要求教师必须做到专兼结合、以专为主，实现理论与实践统一，专业和需求对接。对操作性课程要求教师可以专兼结合、以兼为主，以资格证书和从业证书的训练和达标水平作为考核要求，教师则以有效指导实际效果为参照评价标准。

（四）构建教与学的协同机制

学生是提高高等职业教育质量的主体，其他一切都是客体和条件，只有学生形成行为自觉，推动学习自觉、实践自觉和发展自觉，我们的改革探索才有意义。因此，学校在学生管理体系和政策建设上负有重要责任，只有真正构建起教与学的协同机制，形成教与学的一体化，才真正具有实效。山东工业职业学院近年来正在探索立体化育人体系建设，立足于"全程育人、全员育人、全面育人、全心育人、全体育人、全景育人"，努力把"教"与"育"结合、"教"与"学"结合，探索出一条提高专业课程学习成效和人才培养质量的成功之路。

第二节 以课堂建设为抓手推动高职教学创新的认识与实践

随着现代信息技术的不断发展，教育教学领域的新形式、新载体不断出现，尤其是 MOOC、微课、翻转课堂等概念的引入和兴起，人们对传统意义上的课堂教学的重要性，有不同的认识。我们认为，无论从理论还是实践上看，对于 MOOC 等的形成，我们必须认真研究、积极应对、正确使用，并努力推广和实践，为拓宽教育教学资源、增加教育教学内容服务，以切实提高教学有效性为目标。课堂教学作为一种常规手段，仍然是教学的基础环节，我们必须把它作为提高人才培养质量的重要抓手，不断加强其工作。

一、现代信息技术的推广应用一时还难以改变高职专业课程的教学与实训

随着现代信息技术引入到教育教学之中，其对教育教学产生了一定的冲击，从而对学习者的思维、时间、空间和方法等产生重要影响，对教育工作者尤其是教师产生一定程度的冲击。但从总体而言，情况并不是人们所预判的那样。主要理由如下：

（一）总体分析

我们认为，由于录制成本、时续更新等因素，运用信息技术所形成的课程一般都是通识性强、适用面比较广泛的课程，例如，高等教育中涉及面比较广、知识和理论相对比较成熟和稳定的课程，即大学教育中的文化基础、专业基础性课程，还包括社会公共属性比较强的文化娱乐、军事体育、书法人文等。而高等职业教育带有职业教育的特点，尤其是其中最重要的专业课程，一般强调该专业的高职特点、区域特征、行业特色和学校特性，并不强调和提倡其通识性、广泛性和普适性，这就很难建设大规模信息化课程。这就是说，我们可以重视信息技术对课程建设的影响，重视信息技术对课程和课堂教育教学的冲击，但不能也不可过多地依赖信息化和公共部门，依赖大规模的在线课程。

（二）具体分析

从当前信息技术运用到教学领域的具体情况而言，人们讨论较多的有三个形式。

1.MOOC

MOOC 是指大型开放式网络课程，此项课程从 2012 年开始由美国的顶尖大学陆续设立网络学习平台，在网上提供免费课程，给更多学生提供了系统学习的可能性。由于其工具资源多元化、课程易于使用、课程受众面广、课程具有参与自主性等特点，受到了广泛的欢迎。但从目前情况看，其课程的门类发展不快，很难在职业教育教学领域对专业教育与训练产生更多的冲击。

2. 微课

微课是指按照新课程标准及教学实践要求，以视频为主要载体，记录教师在课堂内外教育教学过程中围绕某个知识点的重点、难点、疑点或教学环节而开展的教与学活动的全过程。微课的核心内容是视频，具有教学时间较短、教学内容较少、资源容量较小、资源使用方便、资源主题突出等特点，微课作为课堂和课程教学的重要补充，是非常有意义的，但是要代替课程和课堂教学，则还相当艰难或者说不太可能。

3. 翻转课堂

翻转课堂是指重新调整课堂内外的时间，将学习的决定权从教师转换给学生。在这种教学模式下，学生能够专注于主动的基于项目的学习，共同研究解决更大的现实问题。这种模式下，它不再是传统的课堂（老师教、学生听、布置作业），而是学生自主学习、提出问题，课堂上学生提出问题，师生共同讨论和解决问题。这是一种教育教学的理想模式，但是似乎更适合于研究性学习，由于高等职业教育主要体现实践性，部分教学内容、部分教学课程可以进行这样的改革，但它仍然离不开教师在课堂的教育教学和训练指导。

根据以上分析，笔者认为对MOOC等因信息化而推动的课堂、课程和教育教学课堂革命，我们必须重视和积极应对，但不应片面化解读，那种认为课堂无所作为、将被替代的看法是不成立的。

二、课堂是高等职业教育中基础性综合性教育教学活动平台，具有立体化功效

在现代教育体系中，尽管信息化正在影响乃至改变我们的生活和工作，但作为人才培养工作的基础性环节，课堂仍起着主渠道作用，仍然是一个综合性教育教学场所和平台，具有教书育人的功效，具有社会化概念。

（一）课堂是教师与学生的互动交流平台

教师和学生是学校的两个重要主体，在传统的教育教学中，教师教、学生学，构成了一个有机体。在现代信息社会，教师教、学生学的同时，教学相长、师生互动、学生存疑、教师解答乃至师生共同研讨成为新的风景。尽管教师与学生还可以在社会实践或其他课余时间进行交流和互动，在实践中共同研讨和解决问题。但是，课堂则是相对固定的场所和平台，是教师与若干学生（一般是一个班级）整体互动的平台，因而具有学校教学的典型意义；也是构成学校活动的重要因素，是建立和构成师生间特定社会关系的重要渠道，因而具有重要性。

（二）课堂是课程建设和课本学习的特定综合体

课堂的另一种功效，是教师和学生在特定的时间和空间，解决和课本学习的平台。高等教育尤其是高等职业教育，强调的是专业，而专业主要由若干课程组合而形成，不同的课程组合，形成不同的专业或专业方向，培养了不同知识和能力的人才。可见，课程是学校的重要产品，也是专业学习的重要基础。课程的学习有多种路径，而课堂是主要渠道，教师和学生借助于课本（讲义），通过师生互动，完成理论和实践课程的学习。课堂具有集约性、稳定性、高效性的特点（1至2个教师同时承担50至100位学生的教育与学习问题），对教学具有重要意义。

（三）课堂是解决理论与实践知识及实训等问题的复合体

与此同时，我们还必须注意的是，在课堂教学中既有教师对理论的分析，也有实践的解析；既有知识的传授，也有技能的训练。所不同的是教师可能是

同一人，也可以是不同人。专兼结合、双师组合、机制融合的教育教学团队会发挥更大的功效，从而创新课堂教学，提高教育教学成效和质量。在这样的课堂上，学生学到了知识，弄通了理论，了解了实践，练就了技能，真正拥有走向职场、走向社会的真本事。

（四）课堂是学校联系社会、走向社会的重要载体

课堂有广义和狭义之分，狭义的课堂即学校课程教学与训练的场所，具有核心和基础作用；广义的课堂包括了校内社团活动、学生组织活动、综合性实训等第二课堂，还包括走向社会，面向职场的社会实践、企业顶岗实习等第三课堂。现代意义上的课堂是第一、第二、第三课堂的有机统一，在课堂教学中，我们由浅入深、由点到面、由基础到综合、由理论到实践、由知识到实训、由学校到人生、由人生到社会，形成综合性复合性学习链、认知链和学生成长发展链。各阶段的关联，使学生在大致规定的学制内，系列的学习课程和训练，获取知识并培养能力，逐步从普通高中生成长为和谐职业人。

综合上述分析，笔者认为，从高职教育的特点和人才培养规律的角度出发，广泛应用现代信息技术开展教育教学十分重要，是大势所趋。但从深入贯彻产教融合、推进校企合作、工学结合的要求看，师生面对面的直接的课堂教学和训练仍然是必不可少的，我们仍然要把它作为一项基础性工作来做，在认识和承认其重要性的同时，积极推进课堂教学改革与创新。

三、推进课堂教学创新，促进高职人才培养质量全面提高

理论和实践都告诉我们，课堂仍然是教育教学和人才培养工作的重要的基础性环节，我们必须重视课堂，更加关注课堂，切实提高课堂教学效率和质量，进而促进教学改革和创新的全面深入，推进人才培养质量的全面提高。

（一）适应内涵发展要求，从关注宏观到关注微观，尤其突出课堂

高等职业教育作为教育的重要组成部分，已经取得了巨大成绩，现在正走上内涵发展的道路，在这种情况下，我们仍要关心办学模式的改革与创新，关心校企合作长效机制的建设，关注工学结合的有效开展，解决办学方向和办学模式问题，但是应该意识到停留在这里是远远不够的。在新的知识条件下，我们已经逐步从宏观走向微观，或者说在重视宏观的同时关心研究微观，而微观的教学最为重要的表现形式就是课程和课堂。重视课堂，就是重视教师在一线的工作，就是重视一线教师；重视课堂，就是重视课程开发和课程建

设；重视课堂，就是自觉地把学校工作的重心和教师的注意力引导到人才培养和教书育人方面来，以切实转变高等职业院校的职能和方向，提升办学内涵建设水平。

（二）切实把学校工作重点放在课堂上，以此调动教师、学生和管理部门的全部热情

课堂是一个综合体，它是学生学习的主要场所，也是教师施展才华的舞台，也应是教育教学管理工作者关注的重点。

1. 通过课堂引导学生学得好

学生的学习有多种途径和多种方式，尤其是在信息化背景下，线上线下、课内课外、校内校外、学校社会都是途径。但实践证明，作为有计划、系统性的专业知识学习和训练，学校和课堂是最基本的、主要的，也是最为系统的。重视了课堂，就重视了学生的注意力，引导了学生的注意力。与此同时，对规范学生的行为、增强执行纪律的自觉性、培养学生的集体主义精神和团队合作精神，无疑也是十分重要的。

2. 通过课堂促进教师教得好

教师被誉为人类灵魂的工程师，其基本职责是教书育人。集中于课堂、专注于课堂，提高课堂驾驭能力，增强课堂表演才能，既是教师知识水平的体现，也是教师教育教学艺术的体现，也反映着教师的事业心、责任感和能力水平。一句话，教师挥洒才华尽在其中。正因为这样，才要引导教师把重心放在课堂。教师只有关心课堂、重视课堂、研究课堂、专注课堂，才会从思想、行为、心灵、礼仪等各方面重视教学、研究教学，不断提高课堂教学效果，从而促进人才培养质量的提高。

3. 通过课堂推进教育教学管理规范化

教育教学管理规范化是一项系统工程，既有宏观设计也有微观落点，这个落点就是课堂。教学管理人员尤其是教学督导人员把重心投向课堂，共同去探索和建立良好的教风、学风和校风不仅十分重要，而且作用明显。课堂的出勤率、准点率，师生的精神状态，课堂上的师生互动皆是学校校风和管理水平乃至办学水平的综合体现。

（三）以创建好课堂为抓手，努力促进教育教学创新

推进高职教育从规模发展向内涵建设迈进，必须重视教学、重视人才培养、重视课堂。重视课堂是一个综合性系统化工程。山东工业职业学院近年来以创建"工院好课堂"为抓手，收到了鲜明的效果。具体作法包括了如下要素：一是营造全校重视课堂教学和课程建设的良好氛围；二是引导教师把施

展才华、发挥才智的主要舞台投向课堂，以课堂成效作为考核教师的主要方向；三是引导学生把思维和学习兴奋点投向课堂，争当课堂建设和改革创新的主体，在课堂的学习中发挥主观能动性；四是重视课堂（教室）信息化条件和人文环境建设，创造一个良好的学习环境；五是经常进行教师比武和达标活动、评比和奖励活动，促进课堂教学"赶帮超"氛围的形成；六是重视对教师课堂教育教学技能的培训、培养，促进教师尤其是青年教师在课堂教学水平的提升中实现全面成长和发展。

总之，课堂教学创新是一项系统工程，好课堂建设应是一个重要抓手，学校必须锻造教师、引导学生、营造全局，以此带动高职教育整体教学创新和人才培养方式创新，探索形成具有中国特色、世界水平的高职教育之路。

第三节 以教学资源库建设为抓手推动教育教学改革与创新

《国家职业教育改革实施方案》指出，构建利用信息化手段扩大优质教育资源覆盖面的有效机制，推进职业教育资源跨区域跨行业共建共享，逐步实现所有专业的优质数字教育资源全覆盖。其含义在于，在高等职业教育从规模发展转向内涵发展的进程中，教育教学改革必须逐步从宏观走向微观，从办学模式走向人才培养模式，从专业建设走向课程建设，据此宏观领域的教育教学改革虽仍然重要，但微观领域的改革和建设更为重要，甚至从某种意义上说，微观领域的教学改革逐步成为重点。基于这样的认识，我们认为，推进信息化技术背景下的专业教学资源库建设，应该是推进高职教育教学改革的重要路径，也是深化高职教育教学内涵建设的重要抓手。

一、源于示范又与时俱进的专业教学资源库建设

教育部、财政部《关于实施国家示范性高等职业院校建设计划加快高等职业教育改革与发展的意见》（教高〔2006〕14号）在关于建设目标任务和主要内容中明确写道："创建共享型专业教学资源库，对需求量大、覆盖面广的专业，中央财政安排经费支持研制专业教学资源库，主要内容包括专业教学目标与标准、精品课程体系、教学内容、实验实训、教学指导、学习评价等要素，以规范专业教学基本要求，共享优质教学资源；针对职业岗位要求，强化就业能力培养，为实施"双证书"制度构建专业认证体系；开放教学资源环境，满足学生自主学习需要，为高技能人才的培养和构建终身学习体系搭建公共平台。"

在推进专业教学资源库的建设进程中，我们的理念也在不断学习和更新，重点和方式也在不断调整。应该说，起始点源于示范，重心在优质资源共享，逐步调整以适应信息条件下的认知和学习习惯。主要功能在于推动教育教学革命，基本功能在于辅教辅学，从而更好地、更全面地发挥专业教学资源库的功能。由于其源于示范又与时俱进并不断改革创新，适应了信息化发展要求，从而成为教育部本级保留项目，是教育部不断加大投入力度的重要因素。

二、全面准确把握专业教学资源库建设的政策要求

高等职业教育专业教学资源库项目建设作为一项源于示范的项目，在新的历史条件下应定义为推动信息技术在高等职业教学改革的重要手段，也是信息技术背景下专业教学内涵建设的重要路径。

（一）明确"五个一流"的建设目标

高等职业教育的专业教学资源库应按照"全国一流、国家需要"的目标来进行，国家级的专业教学资源库建设项目应主要面向专业布点多、学生数量大、行业企业需求迫切的专业领域，并在这一领域，经过建设申报和评审，组建一流团队，汇聚一流资源，应用一流技术，提供一流服务，谋求一流成效。按照"五个一流"的目标要求，为全国相同专业的教学改革和教学实施提供范例、共享资源，通过优质教学资源共建共享，推动专业教学改革，扩展教与学的手段与范围，带动教学理念、教学方法和学习方式的变革，提高人才培养质量。与此同时，通过专业教学资源库这种形式，探索学习培训成果认证、积累和转换机制，为社会学习者提供资源和服务，以增强高等职业教育的社会服务功能，提高社会服务水平，推动终身教育体系的建设和学习型社会的构建。

（二）构建"五要素"的建设项目组织

为确保专业教学资源库建设能体现出水平一流和公平竞争的思想，高等职业教学专业教学资源库建设在项目组织中应系统把握"五个要素"。

统一要求。由教育部会同有关部门制定高等职业教育专业教学资源库建设的相对标准化、规范化的要求，明确建设的基本目标和考核检测要求，面向社会公开发布。

自愿申请。由各学校根据自身条件，自愿由本校或联合若干学校和行业企业进行申请。项目既不是学校的附加，也不是哪类学校的责任，而是一个单独独立的建设项目，由各学校充分自愿自主建设。项目一旦申请立项，由

牵头学校和项目负责人，按照审定的任务书和资金预算自主进行建设，涉及的资源、目标、内容均以任务书为参照，团队由牵头学校和负责人自行组织，以完成任务和质量达标为要求。

择优支持。教育部根据申请项目的方向、建设基础、阶段成果、建设条件、保障方案，择优认定国家级专业教学资源库建设项目，给予建设经费支持。

持续改进。专业教学资源库建设项目，既要有阶段性目标，也要有最终目标。作为项目要有后续保证机制，其中包括推广应用、更新升级、优化提高等，以使资源库能够真正发挥作用。

（三）"五类资源"作为基本建设内容

从资源库的运行及一般要求看，专业教学资源库应包括如下内容。

基本资源。按照能学辅教的功能定位和"碎片化"资源、结构化课程、系统化设计的要求，应以本专业教学内容与课程体系为前提展开系统设计。

以"碎片化"资源建设为基础，以结构化的课程建设为骨架，充分发挥多媒体资源的优势，基本资源应覆盖专业所有基本知识点和岗位基本技能点。

拓展资源。根据产业发展要求和不同用户的个性化需求，有针对性地拓展资源，增强资源建设的普适性，拓展资源应体现行业发展的前沿业务、前沿技术和最新发展成果。

冗余资源。专业教学资源库的资源应有一定的冗余，力求丰富多样，在数量和类型方面要充足，以便学生和学习者自主调用和拓展。

资源层次。专业教学资源库的资源应该是有层次的，大体包括素材、课件、模块和课程等。素材是最基本的资源。课件是以知识点、技能点为单位，由多个内在关联的素材结构优化组合形成的资源；模块则是以学习单元、工作任务等项目为单位，由多个知识点、技能点结构化组合形成的资源；课程则应包含完整的教学内容和教学活动，包括教学设计、教学实施、教学评价等环节，支持线上线下混合教学。课程体系应包括本专业全部主干课程，其建设标准可参照慕课理念。

资源体系。专业教学资源库应突出专业和资源两大特点，就专业而言，它应包括专业介绍、人才培养方案、教学环境、网络课程、培训项目、拓展学习系统和测评系统等。从资源视角看，应明确属性，科学充分地标注，以便学习者调用和组合。在整个资源建设中，应把职业标准、技术标准、业务流程、作业规范、教学文件、工作原理、工作过程等都体现在其中。当然，案例、题库等也必不可少。

三、以专业教学资源库建设为抓手推动教学和创新

如前所述，专业教学资源库立项和建设的过程就是一个认识提高的过程，推广应用的过程更是一个始终站在前沿的过程。从内涵建设的各个要素看，建设和使用专业教学资源库对教学改革和创新事关重大、意义深远，正可谓干在实处与走在前列并行不悖。

（一）有利于培养和锻炼一流的教育教学团队

专业教学资源库以"五个一流"为目标要求，应站在全国层面组建一流团队。而作为牵头单位，更应在第一流的大团队中发挥引领作用，应该是一流中的一流。这个第一流包括了第一流的带头人、第一流的集体、第一流的理念、第一流的创意、第一流的管理。在这一团队中，既是相互学习的过程，也是相互启发的过程，更是共同提高的过程、整体发展的过程。正因为这样，专业教学资源库建设对团队的培育效应是十分关键的。

（二）站在理论和实践的第一前沿

专业教学资源库建设强调校校团队合作，重视校企紧密合作，专业教学的资源内容既要站在理论的前沿，也要站在实践的前沿，尤其是拓展资源和今后的持续更新，都有一个与时俱进和紧贴前沿的问题。正因为这样，专业教学资源库既引领学校和教学团队走向前沿，又紧逼着团队走向前沿，从而使教育教学工作始终保持先进性和前沿性。

（三）时刻注意教育技术的先进性

专业教学资源库是基于优质资源共享、信息化背景下的认知和学习，它是专业教师和技术人员的同时协作。它不仅要求教师熟知专业，也要求教师熟悉技术，专业和技术的共同提高，才能把专业教学资源库建设好，应用好。特别是现代科学技术日新月异，教育技术应用也不断推陈出新的时代，如果一个资源库的建设中不能把最新技术应用起来，就会被教师、学生和使用者所淘汰。只有技术是先进的，知识是一流的，资源库才是优质的。

（四）学生和用户在任何环境下学习

在单一的课堂教学条件下，教师教学生学显得十分正常，教师和学生也因此显得十分无奈。专业教学资源库建成后，学生既可在线上学习也可在线下学习，既可在课堂学习也可在课余自主地进行学习，学习的空间增大了，机会增多了，条件优越了，这对于真正实现变考生为学生具有重大的推动和促进作用，既调动学生学的积极性，也提高学生的学习效率和质量。

（五）持续更新催促教师永远走在前沿

专业教学资源库的建设有一定的时间性和阶段性，而持续更新和推广应用则是长期的任务。由于持续更新的要求，客观上要求教师队伍建设不掉队。如何组建一个老中青相结合、理论与实践相结合、专业与技术相结合的教学和工作团队，既至关重要，又势在必行，这就催促了学校必须建设和形成这样的机制，以适应未来教育改革和创新发展的需要。

综上所述，我们认为专业教学资源库建设，看似是一个局部项目，实则是全局性大事，抓住了专业教学资源库项目，就会带动和推进教学革命、学习革命，促进人才培养质量的提高，促进和推动师资队伍建设，以及学校信息化推进和信息技术进步，进而实现学校管理水平的提高。

第五章 努力抓好师资队伍

第一节 基于系统视阈的高职教育师资队伍建设机制研究

自高等职业教育作为一个相对独立的概念进入学术讨论之后，建设与之相适应的师资队伍的问题就成为人们讨论的重心。其中，"双师"素质、"双师"团队最为显眼。进入高等教育内涵发展阶段以后，建设一支高素质、高水平的师资队伍更摆在我们的面前，人们又对"双师"素质、"双师"团队的问题进一步深化和研究，也有学者提出了"三能"教师队伍的构想，人们总是从美好的愿望出发，给教师从作为人类灵魂工程师的高度寄予了厚望，甚至希望成为万能钥匙。其实，相当一部分学者尚不知道，对于高等职业院校而言，教师数量不足、任务负担过重仍然是主要矛盾，研究高职教育的师资队伍必须从国家、社会、学校层面对教师个体进行更加具体的思考。

一、学界和社会对高职院校教师队伍建设的种种期待

人们站在不同视角，对教师的素质能力和水平会有不同的要求，在事物发展的不同阶段，对教师的期待也会有不同的要求，但人们对职业院校尤其是高职院校的教师的期待和要求似乎是大致相同的，除了师德师风，再加一条教练型，当然，具体也有不同。

一是"双师"说。从人们关注研究职业教育或者高等职业教育开始，人们对其教师素质和能力要求的一个总特征就是"双师"素质，这种要求也明确地写入了《国务院关于加快发展现代职业教育的决定》等文件。也就是说，希望教师既具有从事教育教学工作的资格证书，并有相应的能力和水平，同时，又具有从事具体工作所必需的专业知识和操作水平。既是教师又是工程师是一个最为普通的说法，为了研究这个问题，有关部门不知立了多少课题、投了多少经费、出了多少"成果"，而且，相关培训机构，为配合这些政策要求和考核措施的到位，也举办了无数个培训班，发了相当多的证书，尤其是

2011 年以来，教育部为此组织了大量国培项目，有些直接就是按照"双师"型或者就是以取得"双师"资格而操作的。毫无疑问，其认识是正确的，措施也是对头的，主要问题在于，怎样才算"双师"，不同领域、不同专业如何认证，而且学校专业课教师只是一部分，比例占多数的是公共课程和专业基础课程，这些老师既难以"双师"化，也不方便用"双师"标准去考核。对专业课有"双师"要求，对公共课程和基础课怎样考核。

二是"双师"结构（"双师"团队）说。在探索职业教育教师应具有"双师"素质并要求或具有"双师"证书的同时，人们也发现，对于同一个人而言，要求具有"双师"素质途径是比较困难的，甚至是比较苛刻的。中国工程院院士张尧学教授曾在千人大会上明确指出，应该提"双师"结构、"双师"团队，而不应不现实地要求"双师"素质。因为人的大脑是有分工的，有些人擅长于理论分析和逻辑思辨，而另一部分人可能爱好动手能力和实践操作，据此，我们只能要求学校有"双师"结构教学团队，也就是说，专任教师和兼职教师共同组成"双师"结构的教学团队，承担职业院校专业课程的教学和实训，也据于此，"双师"团队的建设一度得到前所未有的关注，甚至在国家级优秀教学团队评比中，也明确要求有一定数量的兼职教师。在这样的认识和思想指导下，人们一般都把师资队伍的建设目标定义为"专兼结合、双师组合、机制融合"，如果真做得好，这无疑是非常有意义的。

三是"三能型"教师说。在职业教育发展到一定阶段和一定水平，尤其是探索高等职业院校示范建设和可持续发展的过程中，一部分专家学者和管理工作者认为，高等职业教育具有高教性和职教性的双重特点，高职教育作为高等教育，必须使教师有教师执业资格；作为职业教育，必须具有工程师、会计师等资格，即成为教学和实务操作"双师"型。而高等职业教育作为高等教育的重要组成部分，教师必须具有研发能力，能开展以"立地"为主要目标的研究，这样，高职院校的教师被要求为"三能型"或"三师型"，即能教学、能实践、能研发。笔者以为，从理想角度看，这无疑是非常好的，一个真正的高水平教师，应该达到这样的水平和境界，即具有研究和开发的理念、思想和本领，如果我们的高等职业院校有这样的一大批高水平教师，高职教育提高办学水平和质量、实现可持续发展就大有希望。

二、当前高职院校师资队伍建设存在的矛盾和问题

教育与其他相比，一个重要的特点是积累效应，没有长时期的积淀，师资队伍在数量、质量、水平上难免有差距，就当前而言，主要问题如下：

一是教师数量总体不足。我国高等职业教育的发展是因推进高等教育大

众化而起步的，经过 10 年左右的时间，全国高职院校的平均规模已经达到 8 000 人以上，对于相当一部分省区的学校而言，"千亩校园、万名学子"是十分真实的写照，高等职业教育呈迅猛发展之势。学校的基本建设、建筑用房、教学仪器设施、实验室实习条件等都有了翻天覆地的变化。十年树木、百年树人，我们在充分肯定师资队伍取得成绩的同时，也必须看到，作为最基本的概念，师资队伍的数量不足仍十分突出，即使我们完全认同数据平台的数据，这一问题依旧比较严重。如某学校在简介中描述到，本校有学生 13 000 余人，教职员工共计 450 余人。不要说师生比，就是全部教职工都是教师，其比例也达到近 29∶1，实际上这种情况还相当普遍。教师一报到就开课，一开课就是 2~3 门的情况也不是少数，教师工作量大、负担重的情况仍十分普遍，而缓解这一矛盾的方法之一是大班化教学，之二是学生以顶岗实习之名在外一个学期甚至一学年。

二是教师准入机制不健全。应该说这是由多种因素引发的：第一，由于课程体系和课程门类的复杂性，再加上课程教学改革的多样性，有理论教学的、有技能训练的、有理实一体化的、有实训指导的，这就使得什么样的标准可以进入职教（高职）当老师难以认定，课堂有内外之分，有第一课堂、第二课堂、第三课堂之说，教师也有高下之分；第二，由于辅导员身份的特殊性，按照有关规定，辅导员应该落实双重身份、享受双重待遇、实现双线晋升，正因为这样，与此相关的同志有时也被编入教师队伍，并承担一部分课程和课时的教学；第三，由于相当一部分选修课、素养课、励志课、社团化课程的存在，使得参与教学的教师概念模糊，如心理健康、职业生涯规划、学习生活指导、创业教育等，本来是些十分严肃、专业性水准极高的课程，现在往往被随意化，谁都可以走上讲台，因而谁都可以获取课时，谁都可以成为教师，真实情况还不止这些，因此教师的准入难以把控，有效机制也难以建立。

三是教师在质量上亟待提高。我国高职院校虽然在队伍建设上花了很大力气，也投入了相当大的精力，但按国家加快发展现代职业教育的要求和着力构建具有中国特色、世界水平的现代教育体系来看，师资队伍尚有较大差距。第一，真正的"双师"素质教师较少。部分教师具有从业经历，但不一定有资格证书；部分教师虽有资格证书，但既具有较高理论素养，又具有较强实践能力，还具有执业资格证书的"双师"型教师十分鲜见；而真正高水平者，现有分配制度也未必留得住。第二，缺少具有较高科研和社会服务能力的大师级教师，也就是说能够承担"顶天立地"式的研究，能够接地气地进行各种行业（区域）和企业发展规划，能够进行产品设计和市场设计，能够直接为企业带来经济和社会效益的高水平教师凤毛麟角。第三，结构性矛盾。

相对而言，基础课、文化课教师数量尚可，而专业课教师相对不足，尤其是构建起一个与专业结构布局相匹配的专业课教师建设机制和体系，确实尚有明显差距，专业课教师主要依靠课时作为领取酬金的模式还难以改变。第四，团队建设更加滞后。高等学校以学科作为团队建设的主要抓手，而普通教育以年级和课程作为团队建设抓手。从理论上看，高职院校应以专业作为团队建设的主抓手，同时应当是专兼结合的教学团队，而在普通高校，由于博士点、博士后工作站、硕士点等基础在，团队建立相对方便，而高职院校虽可以专业带头人为首建立，但是由于没有有效抓手，往往各忙各的，团队成效明显不足。第五，兼职教师的不稳定性。兼职教师事实上缺乏有效的保障机制，很难真正纳入团队来有效运作，忙时应急、闲时无关的情况十分明显。

正因为这样，无论从数量、质量上还是机制上看，我们必须切实重视和关注师资队伍建设，并努力把它提升到一个新的高度，从解决基本问题着手，加快解决水平问题、质量问题。

三、基于高职教育可持续发展的师资队伍建设整体性策略

2019 年教育部等四部门印发《深化新时代职业教育"双师型"教师队伍建设改革实施方案》，对创新发展高等职业教育、加强师资队伍建设提出了明确要求。结合高等职业教育师资队伍现状，笔者认为，应该借会议之东风，依托"部门协同前所未有"之势，从整体上把高职院校的师资队伍进行机制上的再设计和再创新，以支持和支撑我国高等职业教育实现可持续发展。

（一）建立政府部门齐抓共管各司其职的协同机制

师资队伍建设既是学校的事，也不仅仅是学校的事。从职业教育如何发挥市场决定作用和政府宏观调控共同作用的角度看，政府应该发挥作用；从职业教育尚是一种弱势教育而言，政府部门更应积极作为。主要建议如下：

第一，由教育行政部门和人力部门共同制定高等职业院校师资队伍建设标准。建立准入门槛，以便共同遵守和执行，也便于考核评价。第二，由人力部门会同财政部门和教育部门牵头出台兼职教师管理和激励办法。具体方法：设立专项、设置门槛、公开选聘、发放聘书，并把兼职授课纳入其正常工作职责，给予相应的政策津贴。定期评比职业教育优秀兼职教师，以进一步营造教师光荣、兼职教师合法的良好氛围，真正解决好兼职教师来源及可持续的机制问题。第三，由教育行政部门牵头建立，会同有关行业建立职业教育师资培训基地。其中，公共课和文化课可由教育行政部门单独牵头，委托

有关高校进行，专业课教师则由教育行政部门委托有关行业完成。第四，由教育、人力、政府等部门联合制定推进职业院校师资队伍建设办法和教师职业发展指引，真正使职业院校教师队伍建设有法可依。

（二）学校将师资队伍建设作为重要工作来抓

随着办学规模的相对稳定，"征地造房子、扩招铺摊子"的总任务已经可以告一段落，学校发展真正进入内涵建设阶段，内涵建设阶段要求在办学理念、领导意识、领导精力、学校财力分配、学校工作重心等都发生转变和转移，其中一项重大而持久的工作，就是抓紧做好师资队伍建设。具体思考如下：

第一，实施工程推动、项目推进的方法。按照突出重点、兼顾面上、关键推进的机制，用适当工程形式，以项目为载体切实进行师资队伍建设，有些学校以"一号工程"等载体来落实师资队伍的提高问题值得借鉴。如，山东工业职业学院提出以"杰出人才"理念，用"杰出人才培育计划"来推动，要求全校上下不仅要把"杰出人才"作为资金投入，更把它作为重要的工作理念，赋之于具体的"杰出人才培育计划"，正在不断取得成效。

第二，花大力气增加师资队伍的数量。适当的数量是师资队伍建设的重要基础，只有数量上够了，提高才有机会，才有可能让老师轮岗、挂职锻炼、社会实践和出国交流，也才有可能安排学术交流、实践交流等活动，进而推进师资队伍建设。增加师资队伍数量的形式也要积极创新，除少量招录应届硕士和博士毕业生外，从有实践经验和行业企业经历的大学生、研究生中选拔也是一条重要途径，当然也可引进劳动模范和技术能手进入学校教师队伍。

第三，创新高层次人才师资队伍建设理念。可以参照国家"百千万人才工程"的做法，也可以采用柔性聘请的方法，探索建立高层次师资队伍建设新机制，探索高层次人才共享共管机制，促进师资队伍整体实力的提高。

第四，注重专兼结合的教师团队建设。团队建设在师资队伍建设中的重要性不言而喻，它对提高教师队伍整体教书育人、科学研究和社会服务能力，对提高团队的整体社会影响力具有重要作用。从高职院校实际出发，应当以专业带头人领衔，建立教育教学为主体，融合科研和社会服务的团队建设机制，达到推动学校主要工作和整体工作的进步的目的。

第五，着力专业带头人的引进和培养。实践证明，一个好的专业带头人，会带动一个团队建设好高水平专业，引领和促进学校办出特色、办出水平。一个学校如能培育和造就一定数量的德才兼备的专业带头人队伍，学校就一定会兴旺发达、持续发展。因此，学校要通过用专项资金、改革分配制度等办法，千方百计引进、培育和留住高水平的专业带头人。

（三）教师自身要不断增强教书育人能力，提高教师队伍整体水平

教师自身也十分重要，人们常说，教师是人类灵魂的工程师，既说明了教师工作的崇高和光荣，同时也说明了教师的使命和责任。作为高职院校的教师应该在以下方面做出自己的努力。

第一，要有爱心。要做到热爱学生，热爱教育工作，只有有了爱，才会有奉献的精神，才会有提高的动力，才会乐于把教育教学工作做好。

第二，要不断提高。当今世界科学技术日新月异，知识更新速度不断加快。要做一个优秀的教师，必须自觉学习、加强学习、与时俱进、不断提高，充实和丰富自己。

第三，要自觉成为"双师型"教师。要根据专业特点，经常参加社会实践，了解实践情况，关注研究执业资格，以丰富的理论和扎实的实践技能成为一名优秀的"双师型"教师。

第四，要努力提高科研和社会服务能力。把教书育人作为第一职责，开展科研和社会服务亦非常重要，教师必须关注社会、关注发展，自觉增强其本领，争取多出和快出好成果。

第五，积极自觉融入团队。要增强团队合作意识，并在其中积极发挥作用，争取成为骨干，并创造机会成为带头人，为学校发展和教书育人多做贡献。

第二节　重视和加强高职院校师资队伍建设中的创新团队建设

有人说，"一个好汉三个帮"，这说明了团队建设的重要性；又有人说，知识分子之间容易相轻，这就说明了在学校里团队建设方面面临的困难。其实，教育行政部门历来都十分重视学校的团队建设，在全国职业教育质量工程中，曾经专门有优秀教学团队的评审，对学校团队建设起到积极的作用。但业内人士都清楚，就高等职业院校而言，离真正意义上的团队建设还有很大差距，跟我国的大学相比，除了缺少高水平学科和学术（专业）带头人，团队形成机制难，团队战斗力弱，仍是明显的不足。无论从全面履行高职院校职能，还是从实现高等职业教育内涵建设和可持续发展看，都必须把团队建设放在更加突出和重要的位置上。

一、重新认识高职院校团队建设的重要意义

对于团队建设的重要性，站在不同的角度，会有不同的认识。我们认为，它至少可以从以下几个方面去理解。

第一，从社会学意义上看，团队象征着集体的力量。高等职业院校是一个由教师、学生等多方面要素组成的大集体，在大集体下又有其相应的中集体和小集体，众多人构成了集体，但这个集体能否发挥团队效应，则要看具体情况，通常所说的"一个和尚挑水喝，两个和尚抬水喝，三个和尚没水喝"，就说明集体不等于团队，多个人不一定胜于个体。我们要通过管理，进行有计划、有目的、有组织的整合和培育，让集体成为团队，并提高团队的功能。

第二，从管理学意义上看，团队能产生结构协同效应。多人构建的行政或任务型集体并不等于团队，因而不一定能够产生结构效应。只有有计划、有目的地将一定数量的人构建成为团队，并赋予其相应的职责分工，才会形成合作效应。与此同时，根据事业和发展的需要，还应当有计划地扩大和吸收团队成员，培养结构性差异化团队角色，从而提升团队综合效应，以达到 1+1>2 的功效。这就是团队建设的必要性。

第三，从教育建设视角看，我们需要团队化。学校是一个大集体，为推进有效管理，一般都实施校院或院系两级管理，同时，又以教研室（研究所）作为基层单位。在高职院校，则更多地以专业分设教研室，并相应建设党团工作机制，实现支部建立在专业上的要求，正是从这种意义上说，根据推进教育教学建设需要，为很好地完成工作任务，我们必须重视和加强团队建设。

第四，从职业教育特点看，我们还需要专兼结合的团队。从 2011 年开始，高等教育界有一个重要的概念称之为"协同创新"，大家都很重视，政府也在积极推动。其实，自"高等职业教育"作为相对独立的概念形成以来，高等职业院校也一直强调要构建"双师"型教师队伍，推进"双师"结构教学团队建设。这实际上就是要求通过专兼结合的教学团队建设，把开放办学、产教融合、校企合作、工学结合的工作落到实处，高等职业教育的团队建设尤为特殊。

二、理性分析高职院校团队建设的现实困难

前面分析了高职院校推进团队建设的重要性，但我们必须看到的是，高职院校建设团队客观上有其困难和不足。

第一，高职院校没有硕士点和博士点。按照我国目前职业教育体系建设的规划，要构建中职、专科高等职业院校、应用型本科和专业硕士的通道，

这是一个长远的计划和设想，而我国目前的高等职业院校主要是专科层次。正因为这样，也就不可能设立硕士点、博士点，教授和老师也没有指导培养研究生的机会，这样，因培养和指导研究生而形成的团队就没有条件。

第二，高职院校一般难有大的科研项目。项目是培育和培养团队的重要路径，在科研院所和高等学校，因为重大项目而建立运行的团队非常普遍，而高等职校一般既无机会也不太有能力承担重大科研项目，甚至连申报的机会都没有。因此，基于科研项目的团队也难以形成。

第三，高职院校的专业课程具有相对独立性。高职教育不同于中小学教学，不分专业，一个年级具有多个乃至二十几个平行班，因此执教同一门课程的老师相对较多。而高职由于职业教育的属性，其明显的特点是其职教性，学生分专业实施教学，小的专业只有几十人，即使比较大的专业每届也不过200~300人。正因为这样，教师往往相对独立自主地执教某门具体的专业课程，与其他教师没有什么直接的相关性，这就使得专业课老师比较个体化，难以建设教学团队。

当然，影响高职院校团队建设的因素还不止这些，这些分析，只说明了团队建设的现实困难。

三、充分看到高职院校团队建设的有利条件

我们在分析和认识困难的同时，也必须看到，也正是因为高职教育的某些特点，为高职院校团队建设带来了有利条件，在一定程度上推动着团队建设朝有利于师资队伍整体发展和提高水平的方向进行。

第一，高职院校一般以专业编制教研室（教学研究组织）。众所周知，我国的高职院校也参照高等教育，实行院系两级管理，而在系部一级，一般按照专业群而建立，通常为1~2个专业群，以下则按照专业为单位建立教研室，一个教研室通常在5~10人左右，最多不会超过20人，这种体制，对开展教研室也相对比较有利。一般而言，一个教研室就可以围绕专业建设团队，尽管这种团队有行政管理划分的因素，但确实也据此做好了教学与育人工作，在一定条件下，也正在做科研和社会服务，呈现出团队状态。

第二，高职院校专业带头人制度正在有序推进。本科院校尤其是"985""211"等学校大都实行学科带头人制度，以研究所为单位进行教师教学和科研团队划分，而高职院校则以专业为单位划分，专业一般都实行专业带头人（负责人）制度，在条件成熟的系部，一般也是专业带头人兼任专业教研室主任，这样，教学的行政管理与具体的教育教学活动、科研和社会服务活动，也就比较容易连接。更何况，这几年我们在省级层面、校级层面都

在积极重视和推进这项制度，并制定了一系列人才培养措施和提高专业带头人薪资待遇的方案，这就促进了以专业带头人为核心的团队建设。

第三，高职院校的校企合作机制正不断健全。产教融合、校企合作、工学结合是高职院校创新办学模式和优化人才培养模式的重要特征，随着高职院校办学机制的日益健全和规范，校企合作正朝着规范化的方向发展，校企合作的规范化，必然推动专兼结合教学团队的形成。如，以专业为单位组建专业教学指导委员会，一个专业教学指导委员按"六个一"机制建立，即专业建设指导、学生学习基地、学生就业渠道、教师实践基地、教师服务基地、兼职教师队伍等。这样，专兼结合的教学团队、"双师"结构的教学团队就比较容易形成。

四、推进高职院校师资团队建设的方略选择

高等职业教育已经或正在进入内涵发展阶段，在这一阶段，需要抓的工作有很多。如推进专业结构优化、深化校企合作、推动课程与教学资源建设、加强师德教风建设、推动学生学习的积极性、构建教学做一体的人才培养模式等，而师资队伍建设无疑是建设的重点。师资队伍建设，是以专业带头人为引领的团队建设。

（一）重视专业带头人队伍建设

一个学校的建设和发展，离不开一批高素质、高水平的专业带头人；一个团队的建设，其核心和关键人物——专业带头人——非常重要。一个好的专业带头人会产生巨大的杠杆效应，引领团队成员敬业爱岗、开拓进取，带领整个团队全面履行岗位职责，切实做好教书育人、科学研究和社会服务工作，促进学校的发展。

对专业带头人的遴选，要广开门路、博采众长，建立长效机制。

对专业带头人的待遇，要从优掌握，体现出工作业绩和实绩。

对专业带头人要政治上关心，舆论上支持，生活上照顾，保证其充分发挥作用的各项条件，要在全国、全省、全院范围内形成崇尚专业带头人光荣的良好风尚，促进和支持专业带头人愉悦工作。

（二）注重从机制上建设以专为主、专兼结合的教学团队

根据高职教育的特点和要求，要坚持做到从机制上建团队，让团队发挥好凝聚作用。具体特点是数量适当。一个团队，要根据学生规模和专业情况，确定相应规模的专任老师，从数量上确保教育教学工作的顺利开展。团队中的每

一位教师，要按照高等职业教育从事教育教学工作，有相应的进岗起点和达标要求，硕士学历、学工履历、企业经历是基本的三大条件。

结构合理。从某种意义上说，结构也是质量，而且是重要的质量指标，老中青龄结构、专业结构、学历结构都属于我们研究的范围。

重视专任教师建设的同时，我们还要从专兼关系分析教研室团队建设，从这一点而言，以下几个问题值得重视。

专兼结合。即有数量适当、质量合格、结构合理的专职教师队伍，同时也有一定数量来自行业企业、相对稳定、相对固定的兼职教师。

"双师"组合。这是说，兼职教师的重点要放在实践、实习、实训、实验上，面向操作和实际的应用性部分主要由兼职教师来承担。

机制融合。这是说，专任老师和兼职老师应该把握好理论与实践之间的关系，形成教学做统一的一体，形成互补功效，避免两张皮。

（三）要用项目管理办法推动优质团队的形成

推动和促进团队建设，应该也必须采用一定的激励机制和激励办法，这就是以项目为抓手的方法。

以团队为单位推进课程建设。一个团队每个阶段围绕专业课程建设、教学资源建设和科学及社会服务能力建设，都应当有一个建设项目，以此来促进团队建设，凝聚团队建设的力量，具体方法可以多种多样。

以团队为单位进行教研教改等方面的重大立项，例如，优质高等职业院校以专业建设为龙头的重点专业群建设立项，山东省正在实施的省级品牌专业群、高水平专业群建设立项等，都是重要的项目。

以团队为单位进行的各种评先评优。现在评先评优的项目在减少，这在一定程度上也影响项目的开展，从健全激励和奖惩机制角度看，评先评优尤其以优秀教学团队、优秀科研团队、优秀社会服务团队的建设还是有意义的。

以上主要是从专业教学团队而言，在一些基础课和综合性课程中，仍存在纯课程型团队，我们也要兼顾。

第三节 重视和加强高职院校青年教师的培养和提高

青年是祖国的未来、民族的希望，也是一个单位、一个学校可持续发展的重要和关键的因素。由于高等职业教育这几年迅猛发展，增长很快，新入教师队伍的青年比例特别高，因此如何培养、培育和造就好青年教师队伍，形成师德高尚、师风端正、教育意识强、教学水平好、科研有能力、服务有路径的教师队伍，事关重大。从某种意义上说，这正是我们认真学习贯彻全国职教工作会议精神，创新发展高等职业教育，推进中国特色、世界水平职教体系建设的重要工作之一，本文对此做些探讨。

一、对加强青年教师队伍建设重要性和必要性的再分析

学校工作以学生为主体，教师发挥主导作用，因此教师队伍的素质、品格、能力、水平对学生的培养和学校的发展起着十分重要的作用。在青年教师数量大、教学科研任务重的高职院校，如何在加强教师队伍建设的同时特别地关注和研究好青年教师队伍建设，意义非常重大。

第一，从数量关系看，加强青年教师队伍建设意义重大。高等职业教育作为一个新的类型，在世纪之交开始大规模建设和发展，迅速发展则是近十年间的事。为适应发展需要，各高职院校通过招聘高校老师，从应届大学生（研究生），或从有一定实践经验的企业技术人员（业务管理人员）中选调等路径扩大教师队伍，其中以招收应届大学生和研究生为主。正因为这样，青年教师在高职院校不断呈现出高占比的情形，据有关部门的统计和状态数据平台反映，多数高职院校 40 周岁以下的教师在 2/3 以上，部分学校甚至达到 3/4 左右。这说明，从数量关系看，青年教师真正成为学校教师队伍的主体力量，如果不加以重视和培养，一定会影响教育教学事业的发展和教育教学质量的提高。

第二，从青年教师现状看，必须加大培养力度。青年教师知识结构相对合理，适应性也比较强，但由于主客观因素的影响，也存在着不少不足，主要表现在：一是大部分为非师范类专业毕业，既没有做教师的思想准备，又没有教师经历和教育教学工作的基本训练，如何从教，事实上是一个新鲜事；二是大部分的教师接受的都是基于知识系统的普通大学和学术性研究生培养，对什么是职业教育，怎样从事职业教育，用什么样的模式和路径从事职业教育等困惑，需要革命性的洗礼和学习培训；三是青年教师大多从校门到校门，基本没有社会实践和从事具体职业岗位的工作经历，按照"双师型"教师队伍的建设要求和职业教育的要求，确实存在着很大的差距。至于科研意识、科研能力、对教师岗位的理解等，自然也值得关注。

第三，从青年成才成长特点看，需要正面引导和教育。青年人的特点是知识结构相对完善，学习接受新事物快，然而也具有随意性和不确定性，正确的引导和良好的环境，能使青年教师朝着有利于学校发展的方向前进，适当的培养培训，有利于较快提高青年教师的能力和水平，从而较好地适应发展需要。必要的支持和倾斜，能产生较大的杠杆撬动效应，促进青年教师更快更好的发展。基于以上的认识和理解，如何营造一个积极健康向上的教育引

导机制、体系健全的培训培养机制、奖惩适度的考评督促机制，对培养和造就高素质、高水平的青年教师队伍，是有非常大的意义的，也是十分必要的。

二、青年教师队伍培养培训的重点和方向

重视和加强对青年教师的培养和培训，必须从高等职业教育的特点出发，针对青年教师队伍的现状而进行，既需要总体设计，又需要个体上的针对性培养，也就是一般和个别相结合，整体和特殊相协调。从整体和一般性角度看，主要应包括以下方面。

（一）以爱校爱岗爱生为主要内容的师德教育

无论是从一名普通的大学生、研究生或者从生产经营一线骨干岗位来到高职院校从事教育教学工作，是主动选择或是被动应对，对于每一位青年教师来说，在德上的过关是最为重要的。

在校爱校。这是一个人的品德所在。无论今后怎样发展，热爱所在的学校，争当学校的真正主人，自觉地把个人融入学校，把聪明才智贡献给学校，这是最为基本的德。

在岗敬业。这同样是一个人重要的品德。每一个人，无论学历有多高，水平有多高，都从事具体的工作岗位，干一行、爱一行、钻一行、成一行，就是这个意思。在岗位上闪光奋斗的贡献，应该是每一个青年人克服好高骛远之风气的关键和根本。

在校爱生。爱学生是教师的天职。对于青年教师来说，不论与学生年龄是否相仿，由于角色不同，都应该体现出教师关爱学生、教书育人的本职要求，自觉地担负起对学生的关心、关爱、关注、帮助、指导和教育之职，从对学生的发展和成长之中得到快乐和安慰，并以此为荣。

当然，从宏观方面讲，树立正确的人生观、世界观，拥护中国特色社会主义、自觉践行社会主义核心价值观也是最重要和基本的师德。

（二）以教书育人为主要内容的基本能力培养

教书育人是教师的天职，也是青年教师最为重要的本领和基本功。它至少包括以下几个内容。

一是把握高职教育特征和规律。高等职业教育既是高等教育的一个类型，也是职业教育的较高层次，具有高教性和职教性双重特征，是二者的复合体，它实施的对象是高中后教育，培养的人才规格是技术技能型人才，开放办学、产教融合、校企合作、工学结合、学做统一、知行合一等是基本的特征。在这些要素内研究专业课程、教学设计及人才培养方案，都是带有规律性的东

西，作为高职教师应当有正确的认识和把握。

二是提升职业教学能力。最基本的要求是能够根据专业特点和自身条件担负起一门及多门课程的教学，并努力按照职业教学的要求建设成精品课程，包括充分利用信息化和多媒体手段建设教学资源，形成有高职特点的教学内容，建设立体化教材，使之成为学生最欢迎的课程之一。

三是提高带班能力。也就是说，要在一定时间内，争当一个称职的班主任老师，具体负责一个专业或若干班级的学生管理工作。这一点，对于一个教师来说，既是职责内的要求，也是责任性的考验，当然也是能力和水平的体现，而对于一个青年教师来说，也是人生重要的经历、最宝贵的财富，以及实现人生价值的重要路径。

（三）以科研和社会服务为主要内容的拓展能力的培养

高等职业教育既是现代职教体系的重要组成部分，也是高等教育的重要类型。因此，必须全面履行高等学校的各项职能，尤其是在抓好面向应用的有特色的人才培养的同时，必须注重面向基层、面向一线的立地式研发，并建立服务区域、服务行业、服务中小企业的社会服务工作机制，当然，也要充分发挥技术技能积累效应和文化传承功能。具体要求如下：

一是要把科研当作一项基本功。高职院校的老师要不要搞科研，曾经出现过讨论，出现过争论。其实，这是不言而喻的事情，科研促进教学改革和创新、科研提升教学品位、科研彰显教师能力和水平，只要处理得当，一定会产生事半功倍的作用。因此，青年教师在抓好教学的基础上，必须强化科研意识，掌握科研方法，提高科研能力和水平，并力争多出成果，快出成果。

二是要把社会服务当作一项重要职责。高职院校的社会服务是一个广泛的范畴，纵向和横向的立体式研究十分重要，多种形式的立体式培训也尽在其中，教师如果能够从本人的优势和条件出发，结合学校的情况，开发开拓一些适当的力所能及的服务项目，既能体现教师本人和学校的价值，也能为社会做些力所能及的贡献，还能为学校创造相应的社会和经济效益，可谓是一举多得、利国利民，同时也能从中实现教师真正的人生价值。

三、促进青年教师培养提高的方法和路径

青年教师的培养和提高，意义重大，功在今天，利在长远，对于促进高等职业教育的可持续发展和品牌建设极端重要，应该说，它既是一项常规工作，也是特殊工程。从中国高等学校的情况出发，我们还是应该积极作为，

主动作为。

（一）纳入党政议事日程，研究制定总体战略

要认真贯彻中共中央组织部、中共中央宣传部、中共教育部党组联合印发的《关于加强和改进高校青年教师思想政治工作的若干意见》和有关方面关于教师队伍建设的总体要求，将此作为学校党委和校长的重要工作内容，研究制定本校各个时期师资队伍建设尤其是青年教师培养提高的总体方略，切实采取有效措施加以落实。如，山东工业职业学院结合实际制定了青年教师发展三年行动计划，明确提出"常规发展多渠道、超常规发展有专项、特殊发展架专线"的理念，为青年教师脱颖而出营造环境和氛围，努力促进青年教师健康成长、快速成长。

（二）设立专门工程项目，推动健康持续进步

青年教师的持续成长，既需要项目也需要政策，采用特殊和专门化的工程进行专门化的培养，自有其意义。山东工业职业学院近年来一直有针对青年教师的工程，如中青年骨干教师培养工程、青年技能名师培育计划、"种子"专业带头人计划等，目的就是用工程办法将40周岁以下青年教师进行专门资助性培养，为其开展科学研究、申报教学科研项目创造条件，并明确非竞争性纵向项目主要面向40周岁以下青年教师，真正体现了造氛围、给政策和有项目，较好地促进了青年教师进步发展。

（三）构建激励考核机制，形成良好工作氛围

青年教师的培养，组织的重视、关心、培养及老教师的传帮带都十分重要，而个人的努力则更为迫切，全校上下营造一个良好的工作氛围也相当重要。一方面，我们要在舆论和氛围上为青年教师成才成长创造条件，真正做到鼓励先进、鼓励冒尖、鞭策落后、淘汰落后、能者光荣、能者为师；另一方面，要建立健全考核评价机制，努力做到干多干少不一样、干好干差不一样，在专业技术职务晋升和其他发展方面也要体现能上能下、能高能低。另外一条，也是极为重要的一点，就是要善于培养和发现先进典型，树立榜样，以榜样引领的方法促进青年教师队伍以点带面、以人带片，真正形成百舸竞发的良好局面，为高等职业教育提升社会影响力和促进可持续发展打下扎实基础。

第四节 高校教师团队间协作

高等教育是对学生传授知识、提高能力和培养素质的系统工程，高校的教育教学工作是范围广、多方位、相互交叉的系统性工作，教育教学工作的复杂性决定了相关工作之间的密切联系，须在知识相通、人力协同、资源共享、信息交流的大环境中进行协作。所以高校教师的教育教学活动自始至终都是团队性工作。

团队是由知识技能互补、承诺于共同行为目标、运用个性特征相互协作、以责任为纽带、以目标为载体组成的群体。团队在学校的各项工作中起着中坚作用，是推进学校发展的组织单元和战斗力。要建设高效的团队，除一定的外部条件和运行管理机制外，最主要的是团队成员的自身建设。

一、高校中团队活动的概念

高校教育教学工作是全方位的团队协作活动。广义上讲，集体就是团队，团队有大有小，大至一个教学单位，小至几个人。学校的各部门、机构组成群体可以称为团队，学科、专业、教研组、研究室、实验室等的成员都可称为团队。在高校近年的建设发展中，在推动教育教学改革和科技发展的进程中，在主管部门的政策导向和支持下，涌现出一批以专业性命名的教学团队和科研团队，团队组成一般可达一二十人，这些团队在规模上有所不同，但在工作机制方面有着共同之处，即团队成员有共同的工作专题和目标，成员各有专长又互相配合协作，靠集体的力量完成个人不可能独立完成的任务，并使得工作效益显著提高，从而体现出团队的组织优势和战斗力。

二、高校团队活动的主要形式

从目前实际情况来看，高校的团队组织主要有以教学为主和以科研为主的团队形式。它们在团队构成、团队工作目标及团队建设等方面有其特定的具体要求。

（一）教育教学团队

高校教学团队是团队的主要形式，是面向教学、围绕教学而形成的团队，是高校开展教学活动的重要组织形式。以教学为主要任务的团队其一般为学科建设梯队、专业建设梯队、课程建设梯队、课题研究组等。一个教学团队的教学思想、学识水平、业务素质、道德规范、团队协作的整体水平，决定了其履行工作职责的质量，影响着学校相关教育教学工作的发展与水平，因此学校和学院重要的建设工作之一即是教学团队建设，要培养高质量人才首先要建设高水平的教学团队。

1. 教学团队的构成和特点

教学团队原则上由具有相同学科专业背景、在同一教学范畴内的教师组成。理想的教学团队结构应在年龄、职称、学历、学缘等方面匹配合理。年龄结构应老中青结合，老教师有经验，中青年教师有活力，充分发挥老教师对青年教师的传帮带作用。职称结构应具有教授、副教授和讲师等不同层次的职称组成，实现以高级职称教师为领航的学术传承。

团队成员应有合理的学历和学缘结构，实现高水准专业背景和博采众长的开放型学术环境。团队应由教学水平高、学术造诣深的教授作为带头人，以充分发挥其优势和影响力。团队成员应有共同的建设目标和各自的工作职责，具有有效沟通与合作的机制，有合理配置教学资源的手段和途径，能经常性地组织教学内容、教学方法、教学改革的研究、交流和学术合作，实现优势互补与共同发展。

2. 教学团队的目标与责任

根据高校发展建设的任务，教学团队以提高教育教学质量和效果、推进教学改革为主要任务。教学团队不同于学术团队，其最为根本的目标在于实现课程教学在人才培养中的作用最大化，提高教学质量，更新教学内容，创新教学方法，改革教学手段，注重实践教学，优化人才培养方案，改革人才培养模式，注重教学研讨和教学经验交流，形成教学建设与改革的标志性成果，发挥示范辐射作用。

3. 教学团队的建设要点

教学团队建设的组织管理模式一般以课程、专业、教研室等为单位。近年来，为适应高校教学改革发展的趋势需求，一种新形式的教学团队依托于教学任务的改革而出现，例如，以课程群、系列课程等为主的组织模式，有利于教学改革和教学目标的实现，有利于教学资源的优化整合，特别是教师在教学上跨学科、跨专业合作，加强了知识结构互补，克服了管理行政化的弊端。强调团队建设与课程建设、专业建设相结合的原则；教学与科研相结合的原则；突出创新能力培养的原则；注重师德建设的原则；资源整合的原则，并鼓励跨学科、跨校建设优秀教学团队，开展多种模式的教学改革实践，实现团队水平的整体提升。

高校教学团队建设是一项系统工程，不仅需要团队内部激励，而且需要外部资源投入、制度环境和文化氛围的支持。教学团队建设不只是形式上的组建，关键是要突破传统教学基层组织管理的体制性弊病，合理配置教学资源，建立有效的团队工作机制。

（二）科技创新团队

高校是国家知识创新和科研创新的主力军，高校的科研水平与创新水平是国家科技水平的重要标志之一。大学教师只有把科研与教学相结合，才能不断提高自己的学术造诣和水平，在时代科技迅猛发展的竞争中，站在学术前沿，进行科技探索和创新，同时促进教育教学改革与建设，提高教学水平和质量。

近年来，国家和地方出台了一系列政策性文件，鼓励和扶持高校科研团队的建设与发展，如山东省教育厅"青创人才引育计划"，充分发挥高等学校科技创新作用，在高校建立高水平的科技创新队伍，培育一批具有影响力的学术带头人，推动人才资源的有效结合，在高校形成以学术带头人为核心的充满活力的科技创新群体，成为科技创新的突击队和排头兵。

1. 科技团队的构成和特点

科技团队指面向科学研究与技术开发，以进行科研项目为主要工作内容。科技团队由具有一定科研背景经历的教师组成，团队成员构成具有主攻方向的一致性及必备学科知识的交叉性，使得团队成员具有互补性的明显优势。团队成员知识背景的多样化构成，拓宽了主攻研究项目所能涉及的学科专业领域，减少了专业技能的单一性，提高了科研工作的效率。团队成员通过知识互补，可以促进相互间的深入合作，形成默契的工作配合，增强团队活力与创造力，大大提高创造性目标的完成。

科技团队一般以学科梯队、研究室、学术研究中心、课题组等为基础组织形式，这样有利于资源共享和协调研发资源，形成长期稳定的基地和实现可持续发展；有利于形成团队成员间相互沟通、协同工作的环境与氛围，实现以团队为中心的高效协同机制，为实现团队工作目标而合力发展。

2. 科技团队的目标与责任

科技团队有明确的学术方向和科研定位，以科技研发项目为平台，以已取得的科技成果和知识积累更新为基础，以探究学术前沿和科技创新为目标，发挥团队的凝聚力和核心竞争力，持续不断地深入研究并开拓新的生长点，形成可持续发展的团体。

科技团队的使命是提高科研水平，塑造学科特色，取得科研成果，产生社会效益。科技团队能够为学科建设集聚高层次人才，为学科的发展建设提供资源；科技团队给团队成员创造了发展的环境条件，使研究者勤奋研究、沟通信息、拓宽视野，与当代科技和学术前沿接轨，有助于团队成员的学术发展；科技团队建设尤其有利于青年教师的成长，促进其科研能力、教学水平和管理能力的提高，可造就青年拔尖人才；科技团队还能促进研究者将科研成果应用于教学，不断丰富教学资源，提高教育教学水平，推动专业课程建设，提升高校整体实力和办学效益。

3. 科技团队建设要点

科技团队建设首先要以高水平的学科带头人和学术带头人为核心，以高层次人才和青年科研骨干力量为主体，以坚实的科研背景为基础，以稳定的学科方向为主导，以可持续发展的研究项目为平台。

加强科技团队建设应注意构建和谐进取的团队文化，建立健全科技团队的管理制度和运行机制，形成人才的科学使用与培养机制，建立科学的团队绩效评价体系和监督体系。

三、团队精神与教师修养

团队水平与战斗力取决于团队成员的素质。素质包括业务素质和思想素质，业务素质是教师能够完成教学科研工作的水平和能力，而思想素质和自身修养则是教师能否做好一切工作的重要因素，其中团队协作精神起着显著的作用。团队协作精神包括以下几个方面。

（一）心有全局观念

全局观念是一切工作和活动的基本思想，也是团队协作的基础。全局观念适用于任何集体性、组织性活动，虽然事件或活动的时间、环境、人物、内容、性质等情况不同，但其思想意识和表现特征有同一性。

全局观念即看问题要识大体、顾大局，不从个人局部利益出发，少数服从多数，个人服从集体；要能认清大局，自觉服从大局，在任何情况下都能自发主动地维护大局利益，不以一己私利为追求，当个人利益与集体利益发生冲突时，应牺牲个人利益而维护集体利益。全局观念的培养，有利于发挥教师的主观能动性和提高团队的核心竞争力。

团队成员要有全局观念、集体意识，以高度的责任感和主人翁意识时刻考虑工作的整体需要，与他人加强协作配合，为集体的目标同心协力，关心团队的发展，提高个人的执行力。全局观念也是系统观念，教师要用系统思想正确处理部门和同事之间的关系，形成自觉的行动准则，在实际工作中多做奉献，推动全局发展。

（二）勇于承担重任

承担精神是一个人是否具有责任感的体现。有责任感与使命感的人，具有承担精神和实干精神，遇到困难迎难而上，勇于承担、善于承担，以身作则、身体力行。有承担精神的人，面对新问题和新情况，敢于面对困难和干扰，不回避矛盾和问题，有战胜困难的信心，能积极务实地工作，以从容的应变能力和踏实的工作态度认真对待和迎接挑战。

承担重任是对团队成员的职责要求，作为集体的一员，要有责任承担重任、克服困难、严于律己、多做贡献。

（三）乐于互助分享

团队是一个集体，需建立家庭般的和谐互助氛围和情感维系。团队成员间要互相帮助、互相合作、互通有无、共同提高，这对于团队及成员个人的发展都非常重要。团队竞争力优势的形成，不仅在于每位成员的业务水平，更在于集体合力形成的巨大力量。这需要团队成员相互配合、默契合作，更需要团队成员相互学习和帮助，取他人之长补自己之短，逐渐把个人优势转变为集体优势，不断提高个人的工作水平和能力，从而提升整个团队的战斗力。

有互助就有分享，分享是一种互补和结果，分享需要真诚、信赖和包容。首先要实现团队成员间的资源共享，大家彼此分享教学科研信息、工作方法、工作经验，也同样分享工作成果及与此相关的思想和快乐。要乐于与人分享，愿意给予他人帮助，形成团队成员互相扶持、互相助长的接力成长。老教师和青年教师要发挥各自的优势，老教师有经验和实力，青年教师思想活跃、创造力强，老中青相结合实现互助分享，形成良性运行机制，将给团队的全面工作注入更大的原动力。

（四）保持谦虚自律

谦虚是一种表现，体现了对自身的客观评价，也体现了对自身更高的追求，还体现了个人自律的修养。谦虚表现出个人思想的高度，不因成绩而骄傲，不因功劳而独大，能给自己设定更高的目标。谦虚表现出个人的务实精神，对成绩不夸张，对缺点不掩盖。表现谦虚的人，能得到别人发自内心的尊重。

谦虚是一种态度，表现了对他人的尊重。谦虚自律的人，能自觉放低个人的身段，给人以平易朴实的感觉，容易使人亲近；反之骄傲自大、自我吹嘘的人，很难得到他人的认可。所以，谦虚能使你容易与人交朋友，容易与大家打成一片，从而培养更强的团队精神。

谦虚自律的人具有正能量，因其既能知己不足又能正确把握自己，能心中有目标，眼中有他人。水平越高、素质越高的人，往往也越谦虚；反之修养不深、认识有限的人，容易妄自尊大、大吹大擂。

谦虚使人进步，做人应保持谦和的姿态，客观认识和表达自己，保持自强自律，加强自我定力，自身就能得到不断提高，就能与同事成为更好的朋友，得到更多的理解和支持，成就更大的成功。

（五）肯于担当包容

担当是一种正面态度，体现了敢于直面困难和挫折的勇气。持担当态度不仅是对工作、对错误负责，也是对自己、对他人、对集体负责。担当意味着责任感，有勇气担当就有意志完成，它表示担当者将不遗余力地去完成个人的诺言并承担事情带来的后果。敢于担当困难工作，是对工作、对集体的高度责任感和奉献精神；敢于担当责任，是一种磊落的客观态度，也是对工作、对集体有高度的责任感，体现了担当者的正直人格，并会将这种负责态度落实到工作中。敢于担当是一种正能量，能鞭策个人奋力完成任务、果断处理问题、勇敢面对挫折。团队成员都能做到敢于担当，团队的竞争力就会变强。

包容是团队合作的润滑剂。团队成员间的相互包容，是指容纳各自的差异性和独特性，以及适度包容对方的弱点，但不是无限制地纵容。团队成员间的宽容，体现的是一种坚强和自信态度，是一种着眼大局、以退为进的团队战术，以使得团队全盘工作的顺利开展，以及为每个人创造宽松的合作环境。团队成员应善于包容，做到心胸宽广、宽厚容忍，要会换位思考、将心比心，要善于倾听别人的意见和感受，反思自己的态度和方法，以便能及时消除分歧，做到互相尊重、关照，营造和谐快乐的工作环境。

（六）善于开展批评

团队的健康发展，需要成员之间相互信任、善于沟通，能够开展批评和自我批评。批评和自我批评是一种方式，也是一种态度，体现着对他人、对工作的责任。批评是一剂防病治病的良药，它可使当事人及时发现、纠偏和改正问题。对问题不管不问，虽然表面保持一团和气，但最终只会影响工作，贻误个人。批评也是一种沟通，它可使双方通过交流在新的起点上达成一致，开创步伐协调的工作局面。

批评要有恰当的方式和态度，面对面的沟通是最好的沟通方式，它可以在最大程度上实现彼此的感情交流并允许对方做出合适的回应。批评要善意诚恳，要心平气和地提出问题和意见，耐心帮助对方认识分析问题。批评要有理有据，要尽可能让对方心服口服，不要采取生硬的方式，居高临下、言辞武断地批评可能会加深双方的隔阂和矛盾，最后导致事与愿违，产生不良效果。

有益的批评和自我批评能给团队管理注入活力，产生激励作用，使大家统一认识，建立信任，加强团结，齐心协力。所以，团队要善于运用这个"武器"。

四、团队建设的标准与要点

团队建设的过程，是达到目标一致、价值认同、行动同步、协调配合的过程，其中团队精神是团队建设的灵魂。为使团队建设能沿着健康的道路发展，应注意做到以下几个主要方面。

（一）团队有明确的主导思想和建设目标

团队应有明确的主导思想和建设目标，其中主导思想是团队学术定位、任务范畴、发展远景、运行模式等宏观规划，建设目标是团队在不同时期内应完成的任务指标和达到的水平。远景规划与阶段目标相结合，能使团队成员统一思想，明确方向，激发动力，脚踏实地地为实现目标贡献力量，于是团队工作才能获得原动力。

目标是团队工作的动力，没有目标团队就不可能运转，目标的高低决定了团队的效益和未来的高度。团队既要有较高的远景目标规划，又要有切实的近期阶段性目标，远景目标是大方向的引领，近期目标是团队高效工作、良性运转的保证。

目标规划要对团队工作提出具体可测的评价标准，也为团队工作提供清晰的发展轨迹，同时也为团队成员的职业发展指明努力方向。目标是团队建设的基石，成功的团队首先在于每位成员对团队的目标明确、使命感强。如，教学团队是以提高教学质量和效果、推进教学改革、提升人才培养质量为主要目标；科研团队主要以提高学科建设水平、研发科技成果、提升团队科研能力为主要目标；课程教学团队以某门或某系列课程的建设和改革为中心目标，等等。不同的团队建设目标需由具有不同特质的建设成员来参与完成。

除了团队的共同目标，团队成员还应有个人目标，共同目标要通过个人目标的汇集来实现。团队整体目标规划也应包含团队成员个人的规划发展，个人与整体的规划协调一致，才能使成员有归属感和自豪感，从而增强团队的凝聚力。团队成员在明确的目标牵引下，会更加激发工作热情，挖掘自身潜能，产生更大的工作效益。

（二）团队有以身作则和身体力行的带头人

团队带头人是团队的核心和组织者。团队带头人规划团队的建设目标，明确团队的发展方向，设计协调团队成员的行动，统领团队向既定目标迈进。团队带头人对团队负全责，上对学校部门、下对团队成员负责，其能力和水平对团队建设起着至关重要的作用。

团队带头人对团队的重要作用体现在综合领导力和影响力上。领导力是一种以群体为依托、以各种资源为基础、以带头人的才干和领导素质为主导、以领导决策和激励为主要方式而形成的合力。它集中表现为领导能力和领导水平，是带头人领导和推动一个团队的核心力量。

优秀的团队带头人是团队成功的首要条件。优秀的团队带头人要德才兼备，具有较高的学术造诣、较突出的工作业绩、较强的奉献精神和管理能力。团队带头人应高瞻远瞩，战略性地把握团队的建设方向和整体发展，对具体工作要身体力行、真抓实干，解决主要问题，对团队管理要善于团结鼓励队员，调动工作热情，对困难问题要敢于负责担当。团队带头人以其威望和影响力带动团队成员，营造团队氛围，促进团队健康发展。

团队组成要特别重视带头人的选拔，教学团队的带头人应是教学水平高、学术造诣深的教授，在学术造诣、教学能力、德行修养、管理能力等方面表现优秀。科研团队的带头人应是学科或学术带头人，具有学术水平高、科研能力强、素质修养高、组织能力强的特点。团队带头人应不断增强自身的学术能力和人格魅力，在团队中起到核心作用，也有责任带领和尊重团队成员，为团队成员的个人发展提供空间和平台，调动成员的积极性，营造良好的团队文化氛围，形成正能量的团队价值观，使团队建设健康发展。

（三）团队成员各自有专业技巧和明确分工

团队是实体工作组织，有着特定的使命和建设目标，高校中的教学团队和科研团队都有明确的建设目标和既定任务，其工作具有专业的交叉性、任务的责任性和工作的效率性要求。团队成员必须各施所长、分工明确、协作配合，在团队工作中各自扮演特定的角色。

专业的交叉性取决于团队的工作使命要求，团队工作要创新，教学团队不仅要提高教育教学质量，更要解放思想进行改革，从更高更广的学科专业视野审视教育规律、教学体系和内容。科研团队要紧跟科技发展现状，不断关注当代科技发展的热点。现代科技进入了多学科交叉融合的信息时代，科学研究的视角和范围已极大超越了传统的独立状态。所以，团队要具有学术高度和研发实力，不仅要成为主攻方向的帅才，也要成为具有一定专业差异性背景和技能的人才。

任务的责任性取决于团队的实体性工作要求。教学、科研工作都是具有复杂性、研究性和系统性的工作，覆盖了多方面、多层次、不同知识面和技能的工作，需要兵团作战，责任分工、各个击破。所以，要建立团队成员的分工合作机制，以科学细致的任务管理，促进团队目标的实现。

工作的效率性决定着团队的成功与否。效率对成败有重要作用，信息社会更凸显效率，仅有思想计划而实施成果落后于他人，则成果可能事与愿违，两军对垒实力相当，则动作神速、出手精准方能获胜。团队要具有高效的工作机制，首先需要人员配备合理、分工明确、各司其职，其次应制定科学的运转程序、计划、制度和标准，才能使整个系统健康有序地运转，实现工作的高效性。

（四）团队成员有协作精神并资源共享

团队协作精神是团队的主要属性，团队成员的相互协作是团队精神的具体体现。只有彼此协作，才能形成团队合力，更高效地开展工作。教师间团结协作不仅是教育特殊性和科研工作特殊性的要求，也是教师自身成长的需要。教育教学和科学研究的特殊性决定了工作要靠集体的智慧，教师无论是为做好教学和科研工作，还是想尽快得到自身的发展提高，除了自身努力，必须要与其他教师互相配合、相互沟通、团结协作、甘愿付出，必要时甘为人梯。

团队成员资源共享是协作的条件保证。共享资源的范围比较广泛，不仅包括文件、资源备份、数据和应用程序的共享，也包括信息渠道和设备的共享。提高团队的资源共享度可以使资源的使用效率大幅增加，使团队建设高效快速地发展。

团结协作可以转化成生产力，协作配合、优势互补产生的工作效率远高于单枪匹马。团队协作得到的不仅仅是一般意义上的齐心协力，而是能融合所有成员个性和能力差异，实现优势互补，发挥积极协同效应，产生综合性优势，得到超过预期的效果。

（五）团队有科学的管理机制

制度是法，是保护目标实现的手段，是控制实体运行的轨道，是规范行为人行动的制约，也是激励行为人活动的导向。科学的管理机制是团队高效运行的重要保障。在团队运行中，首先要有明确的责任制，带头人是团队的领导者和责任人，带头人负责制订团队工作的各项制度和全盘规划，吸收团队成员，整合教学科研资源，建造发展平台，为团队目标的实现提供条件保证。带头人可以分解下达任务、委托骨干成员分管工作、各负其责，调动多个积极性，同时应尽量扩大团队成员在团队管理过程中的自主权，以保护更多的积极性。

团队要制订科学性、操作性强的管理制度和工作计划，使每个团队成员明确自己的职责和工作标准，形成自觉有序的工作局面，提升团队整体的良性运转。

团队实行资源共享首先要制订资源共享配套制度，为资源共享中的行为提供政策保障，其中责、权、利明确的配套措施是关键。科学的管理措施是实施资源共享的保证。

团队要有科学有效的绩效考评机制，团队和团队成员的绩效考评、奖励机制和评价体系是调动团队成员积极性、检验其建设成果、提升团队核心竞争力的有效途径。合理的激励措施有利于调动成员的积极性，不同的激励因素和激励水平，对团队成员产生的吸引力不同。团队能否持续为其成员提供其所期望的激励，将对团队的凝聚力产生重要影响。团队激励体系包括考核、评价、奖励、惩罚等环节，每个环节可以运用不同的手段和方法。

团队要将物质激励和精神激励相结合，营造既讲目标贡献，又看贡献大小的健康风气。

团队要尽可能给成员提供学习提高的机会，通过培训和学习交流提高团队成员的个人能力，实现个人与团队的共同进步发展，提升团队的战斗力。团队成员的提高即汇成团队整体的提高，其中个体自身提高的意愿会更加成为团队成长的原动力。

第六章 高职院校教师教学学术发展研究

教学学术能力主要是指大学教师在科教融合理念的指导下，以学生为中心，把大学的教学过程作为研究对象，通过课程开发和教学设计，实现课程知识有效传播的能力。由于部分高校长期以来追求大学排名，对教师的评价和职称评定的指标向科研成果严重倾斜，教师投入教学的成果无法得到最终的承认，因而教师往往把主要精力投入科研活动。对教学投入不够，导致教学研究的积极性不高，教学质量无法得到保证。要彻底扭转这种局面，不仅要从理念上重新审视大学教学学术运动产生的背景和提倡教学学术的必然性，认识到发展教师的教学学术能力是时代的需求，也是提高高校教学质量的关键环节，而且还应看到教学学术离不开制度化的高校环境。本章着重进行实证研究，进一步分析大学教学学术能力的形成要素，充分发挥大学组织、大学教师和大学院系的作用，使教师教学发展落到实处。

第一节 高职院校教师教学学术的价值与发展途径

19 世纪以前，大学主要通过教学完成培养人才的使命，教师的教学被视为一种神圣的工作而受到尊重。19 世纪初，德国的教育家洪堡（Humboldt)倡导"教学与科研统一"的原则，提出大学要在最广泛和深入的意义上发展科学，从而教学和科研成为大学的两大重要职能，发展科学也成为建立高水平大学和培养高层次人才的重要保障。

20 世纪初期，美国"威斯康星思想"的产生又成为高等学校服务社会职能的重要标志而被载入史册。随着社会的发展，高等教育的功能从塑造年青一代到在国家建设中发挥作用，大学的科学研究职能被凸显，教学不再像以前那样被重视。到了 20 世纪 60 年代，美国的许多大学尽管开始大力开展教师发展项目，注重教师教学能力的提升，但实际效果并不佳。教授仍然把主要精力投入科研工作，因为学校和社会对教师的评价往往忽视教学能力，注重的是科研能力和学术水平。

当代美国大学学术运动以提高本科教学质量，改变以科研为主的偏颇的大学教师评价为目的。20世纪90年代，美国卡内基教学促进基金会前主席博耶（Boyer）针对美国大学教师重科研、轻教学，导致本科教学质量下降的状况，提出要全面认识教师的智力和重新审视学术的含义。博耶认为，大学和学院当前面临的最重要的任务就是打破多少年来人们已谈腻了的所谓教学与研究关系的辩论模式，以更富创造性的方式确定何谓一个学者。他认为，给予"学术"这一熟悉的、崇高的提法以更丰富的内涵、更丰富的解释的时候已经到来，这将使学术工作的全面内容合法化。学术是意味着参与基础研究，但一个学者的工作还意味着走出调研，寻求相互联系，在理论与实际之间建立桥梁，并把自己的知识有效地传授给学生。我们的具体方法就是教授的工作可以认为有四个不同而又相互重叠的功能，这就是发现的学术、整合的学术、应用的学术和教学学术。如他所言："学术不仅意味着探究知识、整合知识和应用知识，而且还意味着传播知识，我们把传播知识的学术称为'教学的学术'（scholarship of teaching）。"博耶对于这种教学学术给予了高度重视，这就意味着一个好的大学教师，不仅是一个好的研究者，而且还是一个好的知识传播者。"我们还要给教学学术以新的尊严和新的地位，促进学术之火不断燃烧。"在这种理念的倡导下，大学教师必须全面发展的观念被树立起来了，教学能力和学术能力得到同样的重视。

美国大学学术运动的代表人物主要有博耶及其后继者李·舒尔曼（Lees Shulman）等。李·舒尔曼之后对教学学术的概念又进行了进一步发展，他认为，教学学术之所以和其他学术一样重要，是因为教师在教学过程中要对具体的教学问题进行系统的研究和分析，并接受同行评价。教学学术也具有能公开发表、能面对社会评价，并能够让他人进行建构的特点。这种观点不仅得到了很多学者的认同，而且也为今天进行教学学术范式的建构提供了有益的启示。美国大学教学学术运动为更好地倡导大学科教融合的理念提供了一个全新的视角，也为大学教师发展工作指出了新的方向。

一、大学教师教学学术能力建构的必要性

（一）教学学术能力是评价大学教师学术水平和胜任力的重要指标

世界高等教育在从精英教育向大众教育迈进的过程中，出现了教学和科研二元对立的矛盾，我国高等教育大众化发展过程中也出现了同样的状况。由于科研的成果容易被呈现和量化，并且与大学的排名和教师的评价晋升密切相关，导致了长期以来大学的职能和对教师的评价向科研倾斜的局面。教

师从事教学的热情不同程度地受到打击，往往会把主要精力投入科学研究，使教学成为一种"良心活"和"应付活"，教学质量因而无法得到保证。在这种情况下，受到影响最大的是学生，当然从根本利益上来说，大学的核心竞争力和声誉肯定会下降。因此，必须正视高校和社会面临的新问题与新挑战，从大学理念和制度设计上对教学和科研的关系进行重新认识。对教师的评价如果不能承认学术水平的全面意义，不能对教学工作给予高度认可，就不能从根本上解决教师不重视教学、学生不满意教学的问题。博耶在《学术水平反思》一书的前言中指出："如果教师用在学生身上的时间得不到最终的承认，谈论提高高等教育质量就是一句空话。"大学教师的教学学术能力包括学术能力和教学能力。其中，学术能力是教学能力的前提，主要包括教师的学术认知能力、学术创新能力、学术交流能力、团队科研能力，教师的教学学术能力主要通过课程的开发能力和教学的设计能力来体现，直接影响着课堂教学质量和学生的满意度。

（二）教学学术能力的倡导有利于学校充分发挥教师个人的作用和潜力

博耶认为："学术水平的质量最终取决于每一个教授的活力。一所向上的学院和大学会帮助教师增强和保持自己一生中的创造性活力。"据美国1989年卡内基教学促进会对全国高校教师进行的调查表明，70％的教授认为教学代表了他们的主要兴趣，不同类型的高校的比例有所不同，研究型和授予博士学位的大学的教授对研究更感兴趣，而综合型大学、文理学院及两年制学院的教授对教学感兴趣的比例均高于70％。要保持教师的教学热情，就要扩展大学的奖励制度，中国的大学迫切需要加强对大学学术内涵的全面认识，而不是不管教师的职业生涯处于哪个阶段，像现在这样每年都逼着他们发表论文、出版论著或申报科研课题。对于以教学为主的高校，要求变革教师评价制度的呼声是更加迫切的。

二、大学教师教学学术能力建构的可行性

20世纪90年代以来，随着学科教学知识论的产生、学习科学的发现和新信息环境的改变，以学生为中心的大学教学学术研究逐渐成为从"教"到"学"的一场范式革命，大学教师如果不进行教学研究和课堂教学改革，将跟不上时代的步伐。

（一）学科教学知识论是教学学术思想产生的教育理论基础

舒尔曼等学者提出的学科教学知识论是大学教学学术产生的教育学基础。

1986年，舒尔曼针对美国许多州在教师资格认证过程中将教师的学科知识和教学知识割裂的局面，提出了学科教学知识（pedagogical content knowledge）的概念，并将这一概念进行了拓展，引入高等教育之中。他认为，只有当教师发展出"一个与所在学科的学术紧密相连的教学法概念的时候，教学才能够被视作为学术活动"，这就是学科教学知识，即"关于学习过程和学术内容互动的知识"，教师能够将学科内容和教学法融合，对具体的教学主题、问题和论点进行组织和讲述，以适应不同兴趣和不同能力的学习者。后来，其他学者对学科教学知识论从静态和动态两个方面做了进一步论述和拓展。大家知道，传统的教育研究产生了教学法的知识，传统的学科研究产生了不同的具体学科的学科内容知识。如果一个教师能够将这两种知识有效地进行综合，创造出学科教学知识，需要通过以下四种途径：通过实践教学和经验的反思，通过参与教师评价和发展活动，通过参与有效的研究生课程，以及通过实施课堂研究。其中，课堂研究是与教学学术研究关系最相关的。由此可见，学科教学知识的形成是教师在教学实践中建构和生成的，与教学学术一样既有教学性，也有实践性。

（二）学习科学的发现将彻底改变人们传统的教育观念和教学模式

建构主义心理学从科学角度否定了19世纪的经验主义认识论，导致了20世纪的认识论革命，还导致了教育思想和教学方法改革。建构主义认为，学习是学习者的知识建构过程，理解是建构的基础。现代学习观就是人们利用他们已有的知识和经验，去建构新的知识和新的理解。布卢姆（Bloom）等人把教育目标分为三大领域——认知领域、情感领域和动作技能领域，在1956年出版的《教育目标分类学 第一分册：认知领域》中，他把认知领域的目标分为知识、领会、运用、分析、综合和评价六个层次，并提出了"高阶学习"的概念。在课堂教学问题设计中，提倡不能仅仅局限于初级认知的问题，高级认知问题更能够促进学生的思维水平和创新思维能力培养。美国教育家、心理学家加德纳（Gardner）在1983年出版的《智力的结构》中提出多元智力理论，强调智力的多元性，认为每个人都至少具备语言智力、数理逻辑智力、音乐智力、空间智力、身体智力、人际交往智力和自我认知智力。后来，加德纳又添加了自然主义智力和存在主义智力。他认为，个体智力表现为个体兴趣爱好特长差异，反对单一智力标准，提倡发现和发扬个体潜力。在诸多学习科学理论的指导下，大学教育必须注重教学的设计，从而尊重人的主体性，激发人的创造性，开发人的潜力，并且促进人与人之间的交流合作，教育教学的变革因此变得非常迫切。

（三）新信息环境的发展推动了教育范式的变革

随着信息技术的发展和大数据时代的到来，大型信息库和大规模网上免费课程出现，知识将走向云端，教师和学校可能被重新定位，从而人类也将可能从根本上改变传统的教学方式。新技术革命将使高等教育学习资源变得非常丰富，以视频为载体，大学生可以按照自我需要随时学习，翻转课堂也许会成为教学的常态。这就是新技术和新信息环境触动或者说倒逼了教育的改革和革命。如果大学教师不能适应"传授范式"向"学习范式"的变革，就不能成为一名探究型的真正意义上的学者。一个好的大学教师首先要是一个学术研究者，要研究课堂教学过程和知识的传播，改变传统的以"教师、教材和教室"为中心的教学，构建一种"以学生为中心"的新教学模式，教师的角色随之也会发生改变，不能满足于做一个传统的课堂知识讲授者，而是要将课程开发者、教学环境的设计者、学生知识获取的引导者等多种角色融为一体。

第二节 教学学术能力的内涵和特征

一、教学学术能力的内涵

作为学术，教学学术具有不同于其他学术的独特性，这种独特性来源于大学教学实践。从根本上说，教学学术应归属于教学系统。基于教学系统，学术是教师教学发展到一个较高阶段的教学能力的体现。博耶对教学学术能力做过如下描述性定义：深入理解教学内容，在教师的理解和学生的学习之间建立桥梁，认真计划并检查教学程序，刺激主动学习，超越知识传播，实现知识的改造和扩展。可见，教学学术能力的直接体现是一种教学能力，本质上是一种学术能力，强调教师发展包括学术发展和教学发展。简言之，教学学术能力是指教师以提高教育教学质量为导向，按学术研究方式从事教学研究所体现出来的学术性彰显程度最高的一种教学能力。其内涵主要包含如下内容：首先，作为一种在教学活动中所体现的能力，它离不开教学要素，包括教师进行教学活动所必备的教学知识与教学技能；其次，作为一种学术性彰显程度最高的教学能力，它离不开研究要素，包括教师对教学展开的反思与研究，以及将研究成果显性化、理论化的实践。可以说，教学学术能力不仅是教师培养学生的教学能力的体现，同时也是教师自觉参与教学、研究教学，进行教学交流，推动教学实践成果理论化与公开化的一种基本素质。教学学术能力体现了科教融合的理念。

从结构上来讲，大学教师的教学学术能力包括学术能力和教学能力，其中，学术能力是教学能力的前提，主要包括教师的学术认知能力、学术创新能力、学术交流能力、团队科研能力；教师的教学能力主要通过教学设计能力、教学实施能力、教学监控能力和反思教学能力等来反映。总的来说，教师的教学学术能力主要通过课程的开发能力和教学的设计能力来表征，它直接影响了课堂教学质量和学生的满意度。教学学术能力概念不仅是评价大学教师的有力工具，也是评价大学核心竞争力的重要指标。

随着高等教育大众化的发展，高校教师年龄结构趋于年轻化，青年教师逐渐成为高校师资队伍的主力军。由于受高校长期以来存在的"教学非学术"和"科研即学术"思想观念的影响，青年教师往往忙于应对繁重的科研任务，忽视教学的基础性和重要地位。因此，青年教师要实现教学发展，必须能够正确看待教学学术，视教学过程为一种学术探究过程，积极投身于教学，在教学实践中传递知识、应用知识，彰显教学的学术性特征，关注和发展自身的教学学术能力。

二、教学学术能力的特征

（一）教学学术具有实践性

高校青年教师是教学实践的行动研究者。教学过程的专业性、独立性和复杂性及大学生身心的特殊性决定了高校青年教师从事的教学工作的独特性，而青年教师教学学术能力的产生源于对这种独特的教学实践的体验和获得情景化的教学经验。高校青年教师必须根据教学目标和教学大纲的要求，了解大学生的需要，发挥主观能动性，精心设计课堂教学过程，认真传授专业理论知识和专业基本技能，培养大学生的思维能力，将高深的专业知识应用于具体实践活动，并对课堂情况随时随地地进行监控以调节变化的教学情境，提高课堂教育教学效果。"专业学术"应该与"教学学术"相互促进。在学术研究视野内，"教学学术"可以定性为"实践智慧"，即在亲力亲为的教学实践基础上学习、反思、总结，最后上升为个人的教学风格，形成自己的教学理念。因此，教学学术具有实践性。

（二）教学学术具有研究性

青年教师要树立行动研究的意识，以教学研究为手段，不断反思自身教学过程，获得"行动中的知识"，从而进一步改进教学实践，在教学反思中获得成长。作为一个青年教师，其教学研究过程往往经历以下几个阶段：第一阶段，教师侧重于对个体教学经验的总结反思。这时候个体的经验往往是零散的，影响力比较小。第二阶段，青年教师在一定教育理论的指导下主动进行教改实践并开展公开课展示等活动，组织小范围的教学研讨活动。这个阶段个体的影响力在团队中逐渐增强。第三阶段，青年教师能够按照学术研究范式开展教学实践，注重教学研究的交流和教学成果的公开发表，这时候他们的知名度扩大，教学研究的影响力大增。由此可知，教学学术能力是一种高阶能力，并不是所有的青年教师都能达到这种水平、具备这种能力，但是青年教师应该形成教学学术的理念，以教学学术导向来促进自身发展。

（三）教学学术具有公开交流性

教学学术能力的直接体现是教师的一种教学能力，但是它是一种学术性彰显程度最高的教学能力，因而必须在公开交流中得到肯定和发展。除了学术共同体的小组成员在一起，通过"研制教学目标—设计课堂教学—上课和观课—分析和改进—整理数据和传播"等步骤，进行教学研究经验的交流和分享外，教师还要按照学术研究共同的研究范式对教学研究中产生的数据进行提炼和分析，公开教学成果，以学术论文、专著等多种方式呈现教学学术成果，使研究成果具有普适性，得到公众的检验和承认。这样教学学术能力不仅能指导、回归教学实践，有效改进教学，还能以行动研究作为主要研究方式，从反思中生成理论知识，促进新的教学理论的产生，这也是一种创新。

第三节 高职院校青年教师教学学术能力建构的基本要素分析

一、高校青年教师教学发展的困境

随着我国高等教育大众化阶段的到来，普通高校师资队伍结构发生了变化。越来越多的青少年教师走进了高等教育的课堂，成为高校获得持续竞争优势的生力军，其教学发展直接关系到高校教育教学质量。当前，教育部在本科层面已开展国家级教师教学发展示范中心的建设工作，教师教学发展尤其是青年教师的发展已然成为一个颇受关注的话题。然而，在高校的学术体制中，依然存在着只把科研当作学术的客观事实，高校人才培养的使命不被重视，青年教师的教学发展面临重重困境，主要原因有以下几个方面。

（一）高校管理者缺乏把科教融合理念落到实处的决心

受传统科教二分法思维的影响，高校管理者常常过分关注教学与科研的差异，忽视两者之间的融通性。

首先，高校管理者对学术内涵的认识存在偏差。高校教师"发表论文"的质与量、"科研经费"的多少在很大程度上决定了教师个人在高校的价值，学术即科研的代名词被高校管理者深深默许，学术的完整内涵在现实层面上被轻视。管理者对教师尤其青年教师的教学关注更多地停留在教学技能的培训上，忽视引导青年教师从学术的视野认识教学，把教学看成是一种充满探究性、创造性和反思性的学术活动。

其次，对青年教师制定的考核与评价标准不合理。以科教二分法的思维评价大学教师教学和研究之间的耦合关系被有意或无意地忽视，尽管大学的教师已经作为一个科教融合的主体，但对大学教师的教学与学术是采取分开定义和评价的。在当前高校管理体制中，部分高校依然对教师的教学水平、教学研究成果很难予以学术承认与公正评价，职称晋升和教师考评仍然是以科学研究成果为主。

（二）高校青年教师缺少主动进行教学发展的内生力

目前，受社会价值观、高校管理制度和周围环境的影响，青年教师一般认为科研价值大于教学价值，大部分青年教师产生从事科学研究与服务社会的强大动力，无法潜心于教学工作。大学最根本、最核心的职能——人才培养工作开始边缘化，大学教师行为也与传道受业解惑的使命渐行渐远。教师教学发展的动机主要来源于三个方面：一是自身要求；二是高校发展；三是社会需求。当高校没有良好的制度环境设计，并且高校为教师教学发展提供相应的支持不够，或外部社会充满了急功近利的思想时，教师往往就不是自愿主动地参与教学发展活动，教师教学发展就属于被动发展。当前，尽管高校逐步为青年教师教学发展创造了良好条件，但最关键的职称评审政策和教师考核评价导向不变，青年教师发展自身教学学术能力的主动性就不强烈。在这样一个变革的年代，如果青年教师本身不具有主动促进自身教学发展的意愿，必然无法做好教育教学工作，不能实现自己的教育理想。

（三）大学组织缺乏对学习者主体地位的真正认同

随着信息技术在教育领域的应用和发展，学习者学习模式逐渐呈现出个性化和多样化的特点，这也直接推动了教师教学模式的转变。与传统"以教师、教材、教室为中心"的模式相比,新的信息技术环境要求教师改革高校教学模式和教学方法,精心设计课堂教学和学生的自主学习过程,关注学生发展、学习投入度和学习效果,强调学习者的主体地位。

学习者主体地位的提高需要学生在吸纳知识的过程中形成批判性思考,感受知识价值,从而更好地发挥学生的主观能动性。高校在当前教学模式的转变中往往忽视对学习者主体地位的本质认可,仅仅从表面形式进行变革,如通过小组教学、个别化教学、研究性学习等教学方式提高学习者主体地位,不能真正充分挖掘学习者的批判精神和发挥他们的创新思维能力,教学管理体制上也不能真正站在学生的角度为学生考虑。因此,在信息化视角下,只有推动高校管理者转变观念、树立科教融合理念,引导青年教师主动积极关注教学工作,真正落实学习者的主体地位,才能不断提高教学质量,促进青年教师的教学发展。

二、青年教师教学学术能力建构的基本要素分析

(一)大学组织应当为教学学术能力的产生服务

大学组织要充分认识到大学青年教师发展是教师职业化或专业化的必要组成部分,要通过良好的评价制度和学术环境的创设,成为推动大学教学学术能力形成的主体。教师的教学学术能力必须成为评价教师的有力工具,进而成为评价一所优秀大学核心竞争力的重要指标之一。因为无论是研究型高校还是教学型高校,培养人才是其基本职能和中心任务,也是高等学校之所以被称为高校的根本理由。大学组织对教师的评价制度设计要具有全局性和导向性,要提高教师的教学投入感。如果在教师的评价、晋升和奖励制度中充满的仅仅是科研成果的指标,教学处于边缘的状态,那么教师在教学研究方面的付出就得不到应有的回报,他们的教学热情就会被削弱。高校主要通过政策支持、组织机构落实和项目实施来发挥在形成大学教学学术能力中的重要作用,在吸引青年教师教学投入方面作出制度安排,而不是仅仅让教学成为教师的"良心活"。大学课程是科教融合的真正载体,课程创新能力是衡量一位教师乃至一所大学竞争力的首要尺度。在新的制度设计中,要改变大学教师的学术水平主要用科研成果的层次和数量来判断的局面,将以教师胜任力评价取代传统的成果评价,以过程性评价取代终结性评价,把教学的学术与探究的学术、整合的学术与应用的学术结合起来,组成一个有机的系统,来评判教师的胜任力。教学学术能力主要以大学教师的课程开发和教学设计能力来反映,要评价青年教师在教学过程中,能否把最前沿的知识纳入

课程，能否精心地组织教学过程并有效地进行知识传播。大学要健全支持青年教师教学发展和学术发展的组织机构，充分发挥教务处和教师教学发展示范中心在青年教师教学学术能力形成中的指导引领作用，积极开展有效的教师发展项目，采取良好的激励机制，为教师教学学术能力的形成搭建平台和保驾护航。

（二）青年教师应当成为学术研究的新鲜血液

凡是从事教学研究的教师和大学都是教学发展的主体。培养大学教学学术能力不仅是大学的义务和责任，更是教师的权利。要发挥青年教师在专业发展、教学发展和个人发展方面的主体意识和主动性。虽然在入职之时，每个青年教师基本上都经过了博士的训练已经具备良好的学术研究能力，但是教学学术能力的获得还要在教学实践中形成和发展，并且需要学习和训练。

我们认为，只有按照学术研究范式从事大学教学研究，青年教师才可能真正进入学术殿堂。而传统的教学研究基本上是教师教学经验的总结，还只处于教学学术研究的起点。传统的观点认为一个好的学者必定是一个好的知识传授者，教师只要能按专业知识发展的逻辑传授知识便可。但事实未必如此，尽管某一学科的专家熟悉自己的专业，但并不保证他们会教导别人。有效的教学必须经过科学的学习和组织教学的训练，青年教师要通过长期的课例研究，经过不断的教学感悟和经验积累，才能经历从新手、熟手、能手到专家这样一个教学学术能力提升的阶段。青年教师在教学过程中，要以科学研究的方式研究师生经验与行为，经过"研究教学问题—文献研究—研究设计—效果检验—理论解释—学术交流—学术积累"等环节，最终才能把假设为主的教学研究转变为数据为主的教学研究，把学习与教学研究变成实证科学，才能真正按照大学教学学术研究范式形成教学学术能力。

（三）大学院系应为良好的学术共同体的产生服务

创造大学院系是培育良好的学术共同体的最直接的组织，也是每个青年教师接触最多的教学微生态环境。学术共同体往往是学术活动的承担者，也是学术规范的执行者，对学术的发展起到主导作用。大学青年教师的发展是一个社会化的过程，从一个新教师进校开始，他能不能从指导教师和周围其他教师身上获得有益的经验与启示，对他的教学学术能力发展有着重要影响。个体能否通过在学术共同体中的互动得到教学发展，取决于这个组织有没有营造重视教学的传统文化、良好的教学学术氛围和较强的集体凝聚力。

院系教学学术共同体成员志趣相投，通过良好的学术规范、学术氛围和同伴影响能够培育青年教师的教育情意。教师对待教学学术的态度、从事教育工作的兴趣及价值观、人际交往、心理健康等都与学术共同体的传统和氛围有直接的关系。学术研究有共同的研究范式，并需要交流和得到承认，教学学术研究也不例外。院系通过组织教学实践观摩和教学研究经验交流等活动能很好地提升青年教师的专业素质和教学学术能力。学术共同体的小组成员在一起，通过"研制教学目标—设计课堂教学—上课和观课—分析和改进—整理数据和传播"等步骤，以学生为中心设计和开发课程，能够有效改进教学。

第四节　高职院校青年教师教学学术能力提升对策

一、发挥高校考评机制的引领作用，帮助青年教师树立教学学术的理念

青年教师对教学的重视程度和从事教学研究的积极性受到高校教师考核机制、职称晋升制度和教学评价制度的影响。因此，只有建立完善的、均衡的教学科研考核与评价体系，真正重视青年教师的教学工作投入，将教学能力、学术能力和教学成果纳入评价体系，才能激发青年教师产生提高教学学术能力的动力。高校迫切需要从满足社会和大学生的实际需求出发，为教学学术发展提供良好的制度环境，构建完善的高校教师考核机制和教学评价制度。尤其是"211 工程"院校，应该避免"重科研轻教学"的现象，改变片面地支持青年教师发展科研能力而忽视教学学术能力提升的状况。同时，高校应加大教学研究投入，均衡资源分配，给予青年教师教学学术工作以更多的资金和项目经费的支持。

二、加强青年教师教学学术能力培训，指导青年教师开展教学研究

教学学术能力是一种高阶能力，需要遵循高校教学学术研究的范式。未来的教育家将会从一线教师中产生。青年教师需要掌握科学的教学研究方法和手段，从而更好地开展教学研究，通过提出教学问题，做好文献研究，掌握课堂观察、实验对比和文本分析等方法总结教改成果，并将成果进行交流和发表，来提高教学学术能力。高校教师发展部门需要为青年教师教学学术发展制定合理的培训体系和提供有针对性的培训指导。当前大部分高校组织的岗前培训和教育理论课授课还流于形式，对提升青年教师教学能力和教学学术能力的作用有限。因而建立定期的青年教师进修培养制度，特别是为不同年龄、不同教龄、不同课程类别的青年教师提供既系统化又专业化的教学

学术指导很有必要。教师教学发展示范中心通过组织进修培训、设立教学学术项目、开展教学工作坊与教学沙龙等活动，促使青年教师提升教学研究水平，从而将研究与教学结合起来。青年教师所在的院系也要切实为每个青年教师制定教学成长规划，通过打造优秀教学团队，建立青年教师"导师制"，帮助青年教师坚定教学学术信念，明确自身教学发展目标和追求，使他们拥有一个丰富多彩的职业人生。

三、加大组织支持力度，关注高校女性青年教师成长

我国高校女性青年教师是女性群体中学历水平最高的一类，但在高校教师队伍中仍是相对弱势的群体，在管理和学术领域处于劣势地位。女性青年教师发展的主要障碍是生理特质、文化因素和社会性别影响下的双重角色冲突。女性青年教师是高校教师队伍中需要关注的人群，她们的专业成长和学术发展之路需要克服更多的阻力与困难，需要学校给予更多的空间和支持。高校在制定考核政策时要考虑性别差异，不能"一刀切"，例如，有的高校制定了对新进教师实行的几年之内"非升即走"的政策，让女性青年教师备感压力，甚至产生焦虑情绪。入职之初的高校女博士，正处于结婚生育期，一进校又面临高校科研教学的双重压力，往往会心力交瘁。访谈中我们发现，有的女博士为此不得不推迟结婚生子的时间，也有的女教师产假未结束就要出去跑课题，她们希望学校能够"多关心教师的工作和生活，激发归属感"。因此，要给予入职之初的女性青年教师更多的发展时间和空间。高校还要尽量营造相对宽松的教学学术氛围，鼓励不同学科专业的青年教师尤其是女性青年教师多开展教学交流活动，增强她们对高校组织的认同感和归属感，为她们创造更多的学术发展机会。

第七章 高职教师教学能力培养与创新团队建设

第一节 教师数量问题的解决

笔者以山东工业职业学院为例，结合学校多年来的一些工作举措，以求探索教师教学能力培养与教学创新团队建设的路径。师资队伍是学院发展的根本保证。建设一支数量达标、质量上乘的教师队伍是学院发展的前提条件。对此，学院领导要有清醒的认识。近几年，我们把师资队伍建设作为学院的"一号工程"。在带领大家分析师资队伍现状的同时，我们做了一些比较研究，让人们认识到与优秀职业院校存在的差距。我们正式提出了学院发展战略的首要任务是加大师资队伍建设并编制了师资队伍发展的规划。四年以来，我们严格落实规划要求。在执行的过程中，我们用理论论证、政策引导维护了教师队伍发展规划的严肃性。

近年来，学院加大高学历、"双师型"教师引进力度，坚持自主培养和重点引进并举的原则，实施"人才强校"战略，积极探索人才引进、培养、考核及聘任机制，通过自主选聘、公开招聘的主渠道每年有计划地引进师资，进一步优化了一线教学的人力资源配置，适应了学院总体发展和各专业群的特色发展对师资的需求。

一、师资队伍存在的问题

学院近些年师资队伍结构虽呈良性发展势头，但总体数量不足，生师比与教育部规定的 18:1 有一定差距。硕士、博士比例不高，尤其是具有博士学位的人数较少，专家学者型高层次人才不足，在专业技术领域有影响力的专业带头人仍比较缺乏，学院高层次人才引进工作有待进一步加强。师资来源比较单一，主要采取公开招聘的形式，关系到教师创新能力和竞争能力的社会师资来源和资源流动配置体系尚未建立。

二、顶层设计，加速推进师资队伍建设步伐

山东工业职业学院将以省部共建职业教育创新高地为契机，以建设行业领先、特色鲜明、国内一流、国际知名的山东省优质高校为目标。针对师资紧缺的状况，党代会同时提出了师资队伍建设目标，着力解决师资数量不足的问题，为实现学院奋斗目标提供坚实的人才支撑和智力保障。

学院主要领导还多次召开专题会议，结合学院发展实际，研究解决问题的途径，确定了以公开招聘和自主选聘为主渠道，加速对硕士的增量引进，整体提升学院的师资数量。同时，加大高层次人才引进力度，优化师资结构层次。

学院制定了一系列高层次人才引进和管理办法，进一步明确了师资队伍建设的发展方向，加速推进人才强校战略的实施。学院还将引进人才尤其是引进高层次人才作为中层部门"千分制考核"的重要指标，以此激发部门引进人才的积极性和主动性。

三、多措并举，构建多元化、开放式的师资引进格局

（一）公开招聘

自山东省人力资源和社会保障厅规定省属高校的进入需要通过事业单位招聘考试的形式进行开始，学院充分利用这一政策，借助公开招聘平台大力引进硕士研究生。10年来，共公开招聘204人，有效地补充了师资力量，逐步改善了师资紧缺的现状。

（二）自主选聘

学院积极争取到上级部门的大力支持，除公开招聘外，还开辟了自主选聘教师的师资引进渠道。学院领导高度重视此项工作，本着好事办好、积极稳妥做好工作的思路，确定了坚持"公开、公正、竞争、择优"的原则，严格选聘程序，择优聘用。为强化院系两级管理落实管理重心下移的精神，本着"谁用人谁聘人"的原则，在选聘方式上进行了创新性调整：一是将笔试调整为面试，二是试讲环节由学院组织调整为用人部门组织实施，人事处统筹安排，纪委全程监督。为严格选聘程序，突出专业实践能力，面试增加了专业技能测试，强化动手操作能力和解决实际问题能力的考察。

（三）高层次人才引进

学院利用网络媒介扩大高层次人才引进的影响力，发动教学部门多措施引进高层次人才，并着重在引进高技术技能人才和博士方面下功夫。2019年

以来，引进中国中科院院士王国栋教授担任学校荣誉校长，引进五一劳动奖章获得者姜和信、蔺红霞等省部级以上技能大师、能工巧匠等高层次人才 5 人，聘请了董刚、葛连升、曾照香等 8 名全国知名职教专家作为长期顾问指导学院发展和战略决策。2 位行业领军人物参与学院现代学徒制国家试点建设，为学院建设做出了突出贡献。同时学院根据国家有关政策，实施修改了人才引进办法，把"中华技能奖""国家健将"称号获得者也作为引进的条件。

（四）柔性引进

学院坚持"不求所有，但求所用，不求所在，但求所为"的柔性引进原则，主动、积极地招聘行业企业中具有较高学术造诣和丰富实践经验的高层次专业人才，柔性引进校外专业带头人和客座教授，为进一步增强学院工作的创新与改革提供强大的外部助力。近年来，柔性引进达 21 人，其中 2013 年柔性引进专业带头人和客座教授 2 人；2014 年柔性引进专业带头人和客座教授 1 人；2015 年柔性引进专业带头人和客座教授 6 人；2016 年柔性引进专业带头人和客座教授 7 人；2017 年柔性引进专业带头人和客座教授 5 人。建设了一支数量达标、学历层次较高、素质较高的教职员工队伍，这是我们事业实现腾飞的基础与保证。

第二节 教师的专业化提升

教师队伍素质的高低直接决定学院办学水平和各项职能的发挥。哈佛大学校长、著名教育学家科南特（Conant）曾经说过："大学的荣誉不在于它的校舍和人数，而在于它的一代又一代人的质量。"一个学校要站得住脚，教师一定要出色。

一、高职教师专业化

双师型，这是大家对高职院校老师的准确描述，同样也是一种期待。每年面对新招聘的高学历年轻老师，我们也这样要求他们。对于这些从校门到校门的硕士、博士，虽然他们有高深的理论，但在实践技术方面却明显不足。

校企合作的开展多流于形式，融合程度远远不够，想通过校企合作共同锻炼、培养教师的专业实践能力的目标难以达到。许多高职院校对青年教师和新进教师到企业参加专业实践的时间都有明确的要求，但学校和企业之间没有形成科学的校企合作培训体系和教师参加专业实践考评体系，校企合作大多停留在鼓励或倡导层面，高职院校"一头热"的现象比较严重，远远没有达到预期的实际效果。因此，真正意义上的"双师型"教师占比较低，而来自企业一线的兼职教师由于工作、时间等原因占比较少，流动性也很强。高职院校中具有专业理论知识和丰富实践技能的教师匮乏严重，制约了校企合作模式下"双主体"教师团队建设的人力资源因素。实践性是高职教育区别于普通高等教育的主要特征之一，也是高职教育人才培养的出发点和落脚点。当前，我国高职院校培养的毕业生跟企业需求之间还存在一定的差距。

（一）高职院校教师专业化的重要性

高职院校师资队伍是高职教育教学质量的根本保证。建设一支素质优良、作风过硬的师资力量是学院发展的第一要务。高职院校教师专业化是提高教师队伍素质的有力举措。

（二）高职院校教师专业化的含义

一是教师职业是一种专业，它具有一套知识、能力及职业道德体系。二是教师职业具有不可替代性。三是教师必须通过职前、职中与职后的学习研究修炼，不断拓展自己的专业能力。从这三个含义，我们可以得出一个定义——教师专业化就是教师不断通过职前、职中及职后三个阶段积累知识与培养能力及提高职业道德水平，使自己在教育教学中具有不可替代性的一个过程。高职院校教师与其他院校教师相比，除了具有教育教学理论、技术及艺术修养，还应当具有双师型特点，即具有企业工程师的基本素质。因此，他们的专业化显得更为重要。

（三）高职教师如何实现专业化

首先，应帮助教师研究职业教育教学的特点，这是高职院校教师专业化的第一步；其次，高职院校教师由于大部分是非师范院校毕业的，因此补好教育理论及教育技术课程就显得十分必要；再次，高职院校教师一定要有企业工作经验；最后，高职院校教师一定要研究高职大学生的特点。

（四）学院教师专业化概况

一是制订教师队伍发展规划；二是成立应用型教师发展中心，集中精力做教师发展工作；三是制定一系列教师发展文件；四是支持教师赴企业挂职锻炼，或担任科技副总；五是选派教师赴国外进修学习；六是通过校内教学与课程改革促进教师发展。

二、专业带头人培养

专科院校是以专业为基本单元构建教学体系的。专业相对于学科，是以社会需求而非知识的逻辑体系为主要着眼点，以学生就业为人才培养导向。因此，在高等职业院校，我们应当强调培养专业带头人。专业带头人是一个专业的创办人，是撑起专业的顶梁柱，是专业质量的把关者，是专业管理的责任人。

（一）专业带头人的主要任务

从专业生成发展的角度看，专业带头人的任务是进行市场调研，进行SWOT（strengths、weaknesses、opportunities、threats）分析。包括该专业在国内外举办情况、院校相关条件等情况的调查分析。从专业与外在关系的角度来看，专业带头人要负责专业与社会关系、与产学研关系、与学校关系等诸多方面的协调和联系。从专业管理的角度来看，专业带头人要负责专业人才培养方案的制订、课程开发及教学运行、师资培养与选用、教学评价等。

（二）专业带头人的培养

1. 学校各级领导干部要认识到专业带头人及其培养的重要性

认识不到位，或认识不统一是首先要解决的问题。领导层往往会忽视这个问题，总认为自己认识全面深刻，其他人也都会如此。但现实并非如此，工作中许多问题产生的主因往往还是认识问题。因此，在专业带头人培养方面，要采取措施首先解决认识问题。

2. 应制订可行而且一定能落实的专业带头人培养规划与计划

一般学院都会有五年教师发展规划，但不一定有教师发展年度计划。有统一的教师发展规划，但未必有专业带头人发展规划。有了规划或计划，却不一定能落实，成了空洞的规划。因此，我们一定要制订专业带头人五年发展规划、一年发展计划，同时一定要严格抓好落实。

3. 要加大骨干教师培养力度，从中逐渐遴选出专业带头人

专业带头人一定是从骨干教师中脱颖而出的，骨干教师群体是专业带头人成长的沃土。所以，要重视骨干教师的培养。骨干教师整体水平越高，专业带头人的水平也必然会越高。

4. 要给专业带头人成长创造更多平台与机会

培养不是口号，不是理念，而是实践，是行动。教师交叉参与到一些平台，项目性任务很多，也很具体。我国许多高校，这种平台相对较少。在学院一次教师座谈会上，一位教师说，很想为学院发展出点力，但上完课后却

不知道干什么。鉴于此，要多为教师搭建这样的事业平台。同时，我们也要为专业带头人创造外出进修、出国考察、赴企业挂职及参加各种国内外会议的机会。

5. 要授予做出一定贡献的专业带头人荣誉称号，并积极把他们推向全省乃至全国

学校应不吝授予专业带头人一些荣誉称号，也要帮助他们获得更高层次的荣誉。要利用机会，大力推荐他们参加全省全国的一些专业组织，参与学术活动，不断提高影响力。

（三）山东工业职业学院在专业带头人培养方面的策略

1. 充分认识专业带头人培养的重要性

院长办公会、党委会上研究教师发展，研究专业带头人培养等问题。在领导班子统一思想后，通过各种会议与场合给大家传达。

经过几年的思想引领，学院领导、中层干部及教职员工都认识到了教师发展的重要性，认识到了骨干教师、专业带头人培养与发展的重要性。这是教师队伍发展的思想基础。

2. 制订发展规划与计划，使专业带头人的培养成为体系中的一个方面

学院近几年形成体系化思维方式，在考虑问题、制订文件、采取行动时，善于按照系统论的思想进行。教师发展工作也是如此。

3. 制订相关制度，使专业带头人培养工作制度化

学院近几年出台了引进高层次人才，支持教师做访问学者，支持教师出国进修，支持教师攻读博士学位，支持教师赴企业挂职等若干文件。这些政策都向专业带头人有很大程度倾斜。

4. 选派教师赴企业参与合作

学院要办出特色，必须要与企业进行全面深度的合作。教师要去企业参与项目，挂职锻炼。近几年，学院派出了许多教师赴企业进行与教学相关的实践活动，有的参与项目合作，有的专门学习，有的担任特派员，其中专业带头人占有很大比例。在我们与企业联合举办的二级机构中，专业带头人发挥了重要作用，这对他们也是很好的锻炼。

5. 为教师发展创造更多平台与机会

近几年，学院开辟了多种渠道，成立了诸多机构为教师发展搭建平台。成立了教师发展中心、初阳协会，加强了高职教育研究所建设，一些专业带头人被聘请为兼职研究员。成立了双主体办学机构、社区学院及一些分院，各系成立了若干研发中心，在企业也成立了研究院。为教师尤其是专业带头人搭建了越来越多的事业发展平台。

6. 支持专业带头人外出学习考察

先后派出多批教师出去学习考察。其中，专业带头人具有优先权。

7. 在承担任务的过程中，实现发展

专业带头人发挥的作用越来越大，承担的教学改革、社会服务、科技创新等任务越来越多。专业带头人的发展推进了山东工业职业学院"种子"培育计划，完善了教学名师、青年技能名师评选及管理办法，构建高水平专业群"1+1校企双专业带头人"队伍。对"校企双专业带头人"队伍，激发头雁效应，以提升技能技艺创新能力为重点，建设"名师工作室""技艺技能传承创新平台""科技创新中心"等教师发展平台载体，开展教学改革研究与实践、新技术技能的开发与应用、X职业等级证书标准开发、实习实训资源开发、创新创业教育经验交流等活动，采取"国境外研修＋行业企业实践锻炼＋科技研发"的培养模式，打造高层次"教练型"名师和"专家型"教师研究群体，充分发挥人才集聚功能，促进优秀教师脱颖而出，在提升服务区域产业及企业影响力的同时，逐步形成学校专业品牌、教师品牌。

8. 通过授予荣誉称号等方式激励专业带头人发展

学院这几年授予了5名专业带头人"大师级教师"称号，5名专业带头人"技术技能大师"称号，10名专业带头人"教学名师"称号。学院还有一些专业带头人荣获国家级名师、省级名师、突贡专家、社科专家、优秀教师等荣誉。

第三节 教师团队的培养与活力的激发

一个集体中，人们的个性各异，或张扬，或内向，或强势，或随和，或厉害，或温顺。没有天生合适做同事的人，同事之间需要的是彼此的理解、包容及促进。在共同目标的促使下，大家一起互相适应。团队当中的人们，凝结在一起，努力围绕共同目标奋斗，就是团结。

一、团队的培养

学校要发展，就必须重视团队的培养。学校本身就是一个大团队，需要有共同的目标与愿景，需要有共同的任务。在学院这个大团队之下，需要形成若干个二级团队。

带出一支出色的团队，需要付出艰辛的努力。需要高度的事业心与责任感，需要热情洋溢，激情澎湃，需要智慧点燃，需要活力四射，需要兴趣盎然，需要毅力超然。笔者每天用良心、热心、恒心在工作，感受学院发展变化的脉动，体悟干事创业的酸甜苦辣，把握各种形势下的每一次机遇。

每个团队不仅仅要有带头人树标杆做榜样，更要做好团队的帮扶带。尤其是对于团队中的较弱者，不应仅仅满足其团队组织下的行为参与，更应多多沟通引导积极思考自身优劣势，从内心有成长的需要愿望，并制订切实可行的目标。

笔者着力把学校建设成学习型组织与团队。但学习这个概念正在发生着巨大的变化。我们这个社会，正在发生着一场前所未有的学习革命。学习的目的不在于直接得到知识或方法，而在于得到借鉴，在于寻求指导，在于照亮自己的人生，提高自己的生命质量。学习的方法也发生了很大变化，研究型学习、基于工作过程的学习、反思性学习及终身学习越来越受到人们的重视。

在团队建设中，笔者提倡三正分——分享、分担、分忧；反对三负分——分化、分心、分裂。分享在创造诗意一般的事业中是非常重要的。它是人类独有的快乐、幸福、成功的享受方式，也是主体之间增进友谊，振奋精神的有效路径。

在一个集体中，分担与分忧也应该是频频发生的行为。分担工作中的任务，这是团队培养的必需。团队当中，除了快乐，也会有各种矛盾冲突、困难带来的烦忧，如何解忧？分忧就是一种比较好的办法。与这三正分大体相反的是分心、分化、分裂。民齐者强，民分者弱。这三负分是团队建设与发展的大忌。离心离德，是为分心；团队被肢解，力量分散，是为分化；反目成仇，分道扬镳，是为分裂。

羊群效应，也叫从众心理。头羊属于意见领袖，头羊去哪里，后面的羊就全去哪里。羊群效应给我们的一个重要启示是团队带头人很重要，也很关键。我们一定要选好领军人物，要最大限度地发挥头羊的作用。但是同时也不应忽视团队成员的思想的主体性与创造性。所以应力避两点：一是团队领袖话语霸权的形成，二是羊群效应消极一面的发生。独木难成林，如果大家都是哼哈将军、人云亦云，工作效果会大打折扣。因此，应该充分处理好团队中的领导与服从、协助与合作、民主与集中、意见引领与头脑风暴的关系，最大程度克服从众现象，充分调动团队的整体力量。

二、干部的培养

曾经有一位中层干部向学院提出不愿意继续在原岗位上工作的请求。学院领导耐心地给他做了思想工作，这也引发了笔者对学院干部队伍建设的思考。

学校工作是人的工作。人是思想者，人的思想交流是人们工作与生活的重要交流方式。在高校里，大家都是高学历、有专业技术职务的人，正是人们常说的知识分子扎堆儿的地方。因此，学院必须重视思想政治工作，要长期不懈地做好人们的思想工作。干部职级的调整致使一些年轻干部上不来，空缺的干部不能及时得到补充，人们缺乏应有的干劲。在这种情况下，如何从人的原动力的角度，加大干部的教育培训？我们多次从人的社会价值与个人价值实现，从工作的自主性、能动性方面，给中层干部做工作，鼓动大家干事创业。

干部最重要的能力是什么？应该是研究问题的能力。社会发展一日千里，高等职业教育必须紧跟这种变化。不提高素质，干部就不能应付这种变化。对于我们这些管理人员而言，工作的好处就是不断提高的能力。我们只有通过学习与研究改变固有的思维、习惯，形成开放性思维、求异性思维及发展性行为习惯，才能高效能地工作，从而促进学院快速发展。

面对工作态度造成的问题，应该正面批评甚至严厉批评。其他问题，就应该体察内情，讲究方法，适当加以包容、安抚、鼓励，不能挫伤团队成员工作热情、自尊心和自信心，毕竟工作人员的出发点没错。

批评中要对事不对人，就事论事，切忌延伸。既要明确指出问题所在也要肯定他人的劳动成果。工作中，为了鼓励大家大胆探索，应允许出错。当然，容错不等于纵容犯错，更不能一错再错。高校工作关乎民生国计，容不得半点疏忽。

学院应该形成一个既能很好吸收，又能很好释放的体系化平台。吸收与释放共同构成学院开放有序的发展秩序。吸收对于领导干部而言，就是学习管理理论，学习党和政府的方针政策，研究工作及同事之间的取长补短。对于教师而言，吸收就是学习教育教学理论，学习专业知识，研究产业，研究社会，研究学生。对于学生而言，吸收主要是学习文化知识，提高技术技能及学习同学之间的各种优长。

三、激发活力

教师发展工程就是通过学院外在机制促动与教师内生动力相结合的策略，实现每一位教师的发展，让山东工业职业学院的每一位教师都从普通走向卓越。

学院领导的工作，是领导学院在各方面都实现最优发展。笔者经常带领大家共同努力，才能使每一位教师在学校、在社会发挥应有的作用，找到应有的位置！

学院领导是一个崇高的岗位，是学院改革与发展的重要推动者，是各项行政工作的落实者，是教师队伍建设的领路人，是学生灵魂塑造的导师，可谓使命光荣，责任重大。如何使学院工作方向正确，运转良好，成效显著，是一个值得学院所有人思考的问题。推动学院各项事业健康发展的任务也是一项系统工程。为了保持工作的热情，我们每天促使自己强化岗位责任意识，目标达成意识。同时，我们每天也应该用自己的热情影响周边的人。为了健康积极地工作，也倡导大家参与体育锻炼，提高身体素质，确保事业发展。

（一）工作热情

敬业是对所担当事情的一种态度，是职业道德的外在体现。责任是对人对事对社会应该有的一种义务。责任是敬业的表现，也是敬业的标准。李大钊所认定的"铁肩担道义"，讲的正是责任。

人们总是生活在群体当中，三人行必有我师。我们应当谦虚地向他人学习。唯有如此，我们才能不断地取得进步！

（二）体育锻炼

这几年，教职工在一年一度的体检中，出现了一些出乎意料的问题。他们的身体健康引起了我们的忧虑。为此，我们十分重视体育工作。一是加强了体育师资队伍建设。二是改善了体育条件，加大了场馆建设力度。三是培育了特色体育项目，使每一个系要有自己的特色项目。提倡每个系举行系级运动会。四是让大家每天锻炼一小时成为制度。

坚持不懈健身者，也可能坚持奋斗事业。坚持是一种心理特征，一个能坚持的人，不管做什么都能持久。学院要发展，我们应当培养大家的坚持品质。可以从培养大家的健身意志做起，这容易得到大家的理解与认同，做起来也容易。关键是提醒督促大家坚持下去。这可以产生、举两得的效果，既让大家锻炼了身体，又培养了他们坚持的品质。

第四节 教师在参与中体现主体性

一、用活动带动"人动"

活动是推动事物发展的重要载体，是人们参与学院事业发展的重要内容。

（一）主体参与是活动运行的充分条件

没有参与，活动的目的、取向会不明确。学院组织一系列活动，会使人们从分散走向集中。活动是有目的、有计划、有场合、有组织的行动，它是把人们集中起来的催化剂。

（二）如何设计活动

前几年，学院每学期通过新闻宣传报道出来的活动非常少，而且创意不足。于是，我们设计组织了一些活动。同时，学院要求各部门、各系必须围绕业务发展，开展有价值的活动，并让有关部门检查评比。现在，学院的活动越来越多。第一，活动设计要服务于发展需要。活动有一般性活动与发展性活动之分。当发展性活动越来越多时，学院的发展必然会越来越好。所谓发展性活动就是富有创意，能够产生正向能量，促动学院不断进步的活动。第二，活动要有不同的层次。活动应该有大有小，既要有校级活动，也应该有系级活动与专业群级别活动。

（三）学院设计的大型活动

近几年，学院着眼于快速发展，设计并开展了一系列行之有效的活动，包括部署动员性活动、学术性活动、国际性活动、合作性活动、群团性活动、党务活动及研讨性活动等。

二、进行幸福校园探索，提高参与的积极性

在学院第三次党代会上，学院提出，"要以建设幸福工院为抓手，促进学院全面发展"。从此以后，学院高度重视幸福工院探索与建设工作。几年以来，学院行政一班人，坚决按照党代会精神，带领全校上下大力推进幸福工院建设，提高广大教职员工的参与积极性。

幸福工院探索是凝聚人心，汇聚力量的重要抓手。我们认为，幸福不是状态本身，而是状态的改进。从心理学的角度看，幸福是人们所体验到的一种积极的存在状态。快乐、投入、意义是幸福的三个维度。

学院提出"幸福工院"这一概念，主要领导的压力其实是很大的，因为它反复提醒人们何为幸福工院，只要发展缓慢，缺乏良好体验，人们就会按照幸福工院的标准对学院提出批评。作为幸福工院提出者与建设推动者，院主要领导一开始就对此有明确的认知。但学院发展的使命使我们不敢松懈，我们一定要在党委领导下，通过幸福工院的探索提振大家的信心与士气，把学院建设得更加美好。

　　幸福工院的探索有助于提升办学质量，促进良性发展。幸福工院建设包含的意义很丰富，我们推进此项建设，必然会全方位提升学院工作水平。通过幸福工院建设，我们确立了精细化管理的理念与做法，也制定了一系列的工作标准。广大教职员工的自豪感、荣誉感由此不断提高。这都有利于工作质量的提高，也促进学院良性发展。

　　幸福工院建设有利于促进学院、教师与学生三位一体的发展。这是幸福工院建设的根本着眼点。幸福是全体师生的幸福，幸福工院最本质的内涵就是他们的发展。教师发展是关键，学院发展是基础，学生发展是最终目的。

　　究竟如何科学理解"幸福工院"，如何进行幸福工院建设，如何进行评价等问题，我们必须首先从理论上搞清楚。为此，学院组织了幸福工院研究团队，经过一年的研究，形成理论成果。所形成的理论成果是我们进行幸福学院其他方面探索的基本依据。在幸福工院探索的第二阶段，我们进行了标准的研究制定。与理论研究不同的是，标准制定参与人员大大扩大了，几乎涉及全体行政干部与部分教师。通过动员部署使大家理解幸福工院标准制定的重要性，也让他们理解了"标准"的含义，掌握了标准制定的方法。经过一年的努力，全校范围内出台了220多个工作事项标准。现在人们在工作中的标准意识大大增强，在许多方面有了工作标准，从而促进了精细化管理水平的提高。来学院检查工作的专家与领导对学院的这种做法给予了高度评价，认为这是具有创新意义的举措。河北省质量局的领导认为，学院研发的标准可以在全省推广普及。

　　第三阶段的任务是问题与对策研究。我们在进行学术研究时，也必须以解决问题为着眼点。没有问题，不带着问题研究就是无病呻吟。近几年，学院工作坚持问题意识，以解决问题为基准，推动学院不断发展。在幸福校园探索中，我们通过研究形成理论，再以理论为依据，研究制定标准，标准形成，就以标准为依据，查找问题，在聚焦问题后，学院制定工作要点、安排经费预算时，就以解决问题为目的，研究对策，凝练项目。

三、进行开放性教学探索，在教学改革中实现参与

（一）课题的提出

　　近几年，学院领导非常注重深入调研，了解情况，分析问题，同时也在进行理论思考。一方面，是高职院校的整体发展形势的要求；另一方面，是

我们所面对的这所历史不短，但问题与困难不少的学校客观实际的要求。学校提出了两种探索，党委给予充分肯定与大力支持，并且在党代会上得到了全体党员代表的支持。幸福校园探索前面已有所阐述，开放式教学探索是我们经过反复思考提出的。这种提法主要基于四个原因。

第一，要提炼一个能够概括目前及今后一个时期我国高职发展特点的概念，作为我们进行教学乃至教育改革的一个切入点。

第二，这个概念所代表的课题能囊括大家所做的探索，如反转课堂等。

第三，这个概念内涵要丰富，但提法要简单明快容易理解。

第四，山东工业职业学院经常有人说，我们干得好，但说得不好，写得也不好。通过对这一工作与学术结合的课题的共同探索，要使大家实现"三好"，即干得好、说得好、写得好。为此，我们提出了开放式教学探索。大家普遍认为，这个提法好，具有前瞻性、合理性与科学性。

（二）理论研究

从第三次党代会后，学院就着手进行开放式教学的理论研究。理论必须先行，必须起到引领指导作用，我们不能"摸着石头过河"。学院领导会同教学人员率先进行理论研究。截至目前，已经在权威核心刊物发表了数篇开放式学术论文并出版了理论与实践探索的论著一部。

（三）开放式教学培训

一是学院以行政的方式推动，全院范围内进行动员培训。二是每年选择100名教师分三个班，即基础班、模式班与风格班，进行常年的培训提高。用五六年的时间让全校教师都参与培训一遍。三是选择参与开放教学探索的教师赴国外进行培训提高。

（四）实践探索

之所以叫"开放式教学探索"，就是为了区别于那种纯理论的研究。我们带领大家在学院进行这种探索，目的有二，首先，为了形成学院教育教学在实践上的特色与亮点。如果缺乏从理论到实践的系统而理性的研究，只是按照上级指令应付性办学，是不会形成特色的。其次，为了整体提高广大干部教师的素质及对职业教育的理解。只有在这种按照科学主题推进的研究中，大家才能得到持久而系统的提高。实践探索是我们的最主要、最根本的目的。我们是以学术课题的方法在推进全校教育教学改革。

四、搭建平台，创造参与机会

（一）平台建设的意义

人才即便引进了，没有平台，仍会离开。学院400余名教职工，硕士、博士，副教授、教授比例也很高，应该说我们有强大的人才资源。但是人才为学院做贡献，需要适合的平台。同理，良好的校企合作效果，需要合适的平台。学生发展，如果只有课堂教学，缺乏平台实践，发展也会受到影响。因此，平台建设对于个人或团体发挥价值、实现价值都具有重要意义。

（二）平台是创造出来的

高职院校应该有文化、科研、培训、产学研合作、学生文体活动等多样化的平台。平台是办学主体群策群力创造出来的。由于高职院校长期以来受办学层次的限制，大家习惯了教书育人的常规工作，对于平台建设有一些错误的认识，认为专科院校没有权利和能力建平台。这种认识，使平台建设受限，使高职院校发展受限。近几年，国家十分重视发展高等职业教育，各个学院应该抓住这个千载难逢的机遇，积极推进各项工作发展，积极为广大教职员工创造越来越多的干事创业的平台。例如，学校为了服务钢铁行业企业，上级部门先后批准了山东钢铁集团人才培养基地、全国钢铁人才培训联盟等挂靠学院。这是经我们共同努力争取来的一个很好平台。至此，学院形成"一体两翼"这一全国独一无二的校企一体化办学格局，成为学院发展特色。

（三）平台是服务学院发展的

搭建平台不是为了表面文章，而是为了服务于学院各项事业的发展。如，社区学院既服务于我市社区教育，也成为学院品牌推广传播的阵地。教职员工和学生在学校的工作学习是具体的，操作性、实践性、应用性都很强，需要借助平台来完成。师生事业的多少和大小取决于学院能够搭建和提供的平台的多少与大小。因此，平台的搭建关涉学院各类主体更好地参与学院的事业发展，涉及各类主体个人事业的发展。

五、提高管理水平，提高参与的质量

（一）管理的重要性

首先，管理是学院作为组织的功能正常发挥的重要保证。组织给管理提供了组织保证，但倘若没有管理，组织将会是静态的，难以发挥作用的。管理让组织实现了动态化。通过有效管理，组织实现人员分工、确定目标、制定制度、配置资源、展开过程、考核评价等一系列工作。其次，管理是实现学院目标的关键。学院确立目标的过程，是组织发挥管理功能的结果，学院要实现目标，也必须由管理来推进。最后，高水平管理是高水平办学的前提。组织的高素质是通过管理的高水平体现出来的。高水平的办学不是凭空产生的，也不是上级命令出来的，而是高水平的组织通过高水平的管理一天天干出来的，这是绝对的真理。举凡世界名校都有著名教育家及其领导的优秀团队，这个团队有核心人物，有高明的教育理念，有强大的执行力。而执行力主要是领导与管理之力。

（二）学院需要什么样的管理

学院需要具有方向性、整体性、民主性、科学性、规范性、有效性的管理，需要精细化、服务性、创新性的管理。

（三）管理的质量决定参与的质量

第一，高质量的管理必然以调动人的积极性为第一要务。主体有了积极性，参与的热情也会高涨。第二，高质量的管理必然会目标明确，任务具体，第三，高质量的管理必然会给人们搭建更多的平台。有了平台，主体参与会更富成效。

六、通过评价，提高参与的有效性

（一）评价的重要性

在 PDCA 全面质量管理循环理论体系中，A 是最后一个步骤，但却是不可或缺的一个环节。上一个回合的评价是下一个管理回合的开始。同时，科学合理地评价便于调动人们的积极性。

（二）评价与主体参与

一是评价是一种价值导向，也是主体参与的导向。在一个大单位，可以调动大家积极参与的方法比较多样，正能量发挥的方式也呈现差异性，因而评价会出现多元化，但一定要把目标作为评价的基本标准，要科学合理。在制订评价指标体系的过程中，必然会充分体现学院的定位和发展目标，体现学院组织对大家的行为期待。这种正向导向会有力促使人们主体参与。二是评价是一种方法指导，它也指导主体参与行为。在所有的评价指标体系中，总会涉及过程性的方面，这包括方法性指标与标准。而且，所有的价值观引导都无不渗透着怎么做的方法论指导。因此，对工作科学合理地评价必然会有利于主体参与。三是评价是一种激励。好的评价应该也必须是一种激励，起到表扬先进、鼓励后进的作用。这种激励作用在客观上必然激发主体参与的积极性。

（三）如何评价才更有利于人们主体参与

1. 实施多元主体评价

多元主体评价是现代学校的发展趋势。高职院校也应该进行多元主体评价。也就是说，评价的主体可以是企业与行业对人才培养水平的评价，也可以是政府评价。如，学院被评为山东省优质院校立项建设单位，这就是政府评价的结果；还可以是社会专业机构的评价；如，学院 2019 年全国高职排名 212 位；我们还可以邀请第三方进行评价，如上海尚强信息科技有限公司对学院进行的诊断性评价就属于这种情况；学院自己也要对内部进行工作评价。

在内部评价时，把综合性评价与单项评价结合起来，区分不同层次主体。学院对干部教师的评价应是一年一度的常规工作。

2. 在评价原则与方法上，做到科学性、合理性、简约性的统一

评价的科学性是首先遵循的原则。一定要以高职教育的基本理论为指导，把握好高职教育的规律。在评价时，要坚持历史的观点、辩证的观点、动态发展的观点。评价指标的设计、程序的把握、方法的运用，必须要简明扼要、清晰易懂，在参与和评价过程中才不会浪费大量时间。

其他的评价原则与方法还应该包括：评价标准要"跳一跳摘桃子"，过程性与结果性评价结合，评价结果的运用等。除此之外，评价结果定要用好，把各种评价结果作为学院发展、部门系部发展及个人提升与发展的一项基本依据。

第五节 高职教师教学创新团队建设探索

山东工业职业学院贯彻《国家职业教育改革实施方案》，以服务"1+X"证书制度试点需要，成立校际、校企专业协作联盟，共建实习实训基地、科技研发中心、职工培训基地，形成校际协同创新共同体和校企命运共同体。2019 年以机电一体化技术专业为试点，校际、校企深度融合，组建以名人名师、专业带头人为引领，中青年骨干教师为主体，充足行业企业技术骨干、能工巧匠组成的高水平、结构化专业教学创新团队，探索基于岗位职业标准的书证融通的模块化课程体系，创新实施课程思政、现代学徒工学结合、现

代信息技术融合、学业水平诊断的模块化教学模式。教学团队通过理论研究和试点实践，着力将"1+X"相关职业技能等级证书实施与试点专业人才培养模式改革、模块化课程建设、实习实训基地建设、结构化"双师型"师资队伍建设、新型教材及教学资源建设等紧密结合，推进"1"和"X"的有机衔接和有效融通，提升专业教学质量和学生就业核心竞争力，引领机电一体化技术专业改革，提供该专业人才培养培训范式，为教育部"1+X"证书制度及教学创新团队建设提供可推广、可复制、可借鉴的"工院范式"和"工院方案"。

一、团队建设进展与举措

（一）团队建设方案优化

学校聘请校内外专家对团队建设方案进行了论证和评审，在此基础上，对团队建设方案进行了系统设计和优化。进一步完善了团队管理制度体系，制定了团队成员能力评价标准，落实了每一名团队成员的专业发展方向和路径。团队管理制度体系方面，进一步完善了协作共同体协同建设机制，团队成员分工协作机制，产业资源转化为教学资源的动力机制，校企命运共同体融合机制。学校已将团队建设实施方案纳入了整体发展规划，明确了团队建设的总体目标、师资配备规划，落实了团队建设、管理、激励和奖惩的制度举措，将教师参加团队情况作为考核评价和职称晋升的重要依据，进一步完善了企校人才、技术、设备和场地共享的系列制度，建立了团队内部质量保证诊断与改进体系。进一步细化了机电一体化技术专业课证融通的专业能力模块化课程体系，加快了课程资源的开发。从教师专业发展的角度对青年教师以提高其课程标准开发能力和实习实训指导能力为主，老教师则以提高其信息技术应用能力和技术技能积累创新能力为主，产业导师以提高其模块化教学设计实施能力和教学评价能力为主，等等。

（二）机制体制建设

完善教学创新团队运行机制，落实团队成员责任，激发团队内生动力。成立了国家职业教育教师教学创新团队建设工作领导小组，进一步完善了机电一体化技术专业教师教学创新团队建设规划，建设方案和团队管理等系列制度，明确组建标准、组建方法、人员配备、相关权责、分工协作等运行要素，落实团队工作责任制，编制成员工作任务单，明确团队成员在资源建设、教材建设、课程教学、科学研究、团队培训、成果推广等方面分工协作的具体职责和规范，将项目式教学实施、职业技能等级评价等工作纳入教师教学评价体系，鼓励团队教师将科学研究、技术研发资源转化为优质模块化教学资源。团队通过校企合作、技术服务、社会培训等所得收入灵活作为绩效工资来源，优绩优酬评价奖励，激发团队发展内生动力。利用学校诊断改进平台，搭建教师教学创新团队发展目标链和标准链，实施教师创新团队诊断与改进。

进一步完善创新团队的合作机制、学习机制和激励机制。建立由团队带头人引导、成员主动参与的合作机制，团队带头人在合作机制中既要发挥主动作用，又要调动团队成员参与的积极性。构建适应合作的沟通机制，大幅提升团队成员间的沟通效率，形成团队带头人引导、成员主导的合作机制。团队成员能够发挥各自作用，能够通过高效运行的沟通渠道进行深入的合作，积极参与团队建设。教学团队的学习机制建设方面，采取了建立教学资源在成员间流动、团队成员间合作互动、团队内兼职教师与专职教师间的沟通机制，建立了教学团队内部、外部的培训、正式沟通机制和信息反馈机制等。在教学团队建设的前期，团队带头人在促进教学团队提升教学效果方面发挥主导作用，激励机制以外生激励为主；在后期，团队成员从教学建设和改革过程中获得了收益，教学改革将成为教学团队成员的自觉行动，团队成员在教学团队建设过程中将会起到主导作用。

（三）教师教学能力提升

不忘初心、强师铸魂，健全了师德建设长效机制。团队以习近平新时代中国特色社会主义思想为指导，牢记总书记提出的落实立德树人的根本任务，为党育人、为国育才的历史使命，深入学习《新时代高校教师职业行为十项准则》《教育部关于高校教师师德失范行为处理的指导意见》等文件精神，进一步认识师德师风建设的重要意义和具体内容，明确自身的行为规范和努力的方向，将师德考核摆在团队教师考核和教师选聘的首位，建立负面清单制度和师德档案，将师德考核结果与绩效考核、职称职务评聘、奖惩挂钩、优秀教师评选等挂钩。对有师德失范行为的，实行"一票否决"。自立项以来，组织团队教师开展面向国旗重温教师誓词活动3次，举办师德师风大讲堂活动3场，继续弘扬了以牛同训、郑金星等名师为代表的师德师风风范，新树立刘娜、王鹏飞等一批师德师风建设先进个人，新认定赵云伟、王振光为校级教学名师，团队带头人魏召刚、王振光2021年初被评为山东省省级教学名师。

根据"引才引智、校企共育、进阶培养"的团队建设思路，整合机电一体化技术专业校内优质人才资源，聘请山东钢铁集团全国劳动模范姜和信，齐鲁大工匠、全国五一劳动奖章获得者蔺红霞，歌尔股份有限公司齐鲁首席技师王新福担任产业导师，开展专题讲座 3 场，带领教师开展岗位职业能力分析、新技术技能的开发与应用、实习实训资源开发、创新创业教育经验交流等，提升了团队教师对工业机器人领域新技术、新标准、新工艺的掌握。以团队成员主持的"名师工作室""技艺技能传承创新平台"等载体，联合协作共同体学校和企业，通过资金支持、项目引导，鼓励和帮助骨干教师申报立项教育部课题 2 项，山东省职业教育改革课题 3 项，山东省教育科学研究课题 1 项，淄博市校城融合建设平台 2 个。

以"教师发展中心"为载体，实施了团队教师素质提升计划，团队教师能力大幅提高。以山钢集团"双师型"教师培养培训基地为依托，制定了科学的团队培训规划，参加教育部、省教育厅组织的线上、线下国家职业教育教师创新团队专项培训 40 余人次，"1+X"职业技能等级证书师资培训 50 余人次，课程开发技术、信息技术应用培训及专业教学标准、活页式教材编写、模块化教学改革等其他培训 60 余人次。选派 10 名专业骨干教师参加教育部组织的国家"工匠之师"境外培训项目，在德国汉堡海因策学院进行一个月的德国行动导向课程开发实践。选派 6 名专任教师到山东钢铁集团有限公司下厂实践 6 个月，学习机器人应用技术专业领域新技术、新工艺、新规范，协助企业解决生产技术难题，参与企业技术研发，引导教师既提升教育教学和科研能力，又提升教师实习实训指导能力和技术技能积累创新能力。通过各种类型专项能力培训，大大提升了教师模块化教学设计实施能力、课程标准开发能力、教学评价能力、团队协作能力和信息技术应用能力等五种能力。

（四）专业课程体系重构

开展机电一体化技术专业调研，完善职业能力分级标准模块库。依托校际专业协作联盟、校企合作命运共同体，开展了面向企业专家、一线岗位技术人员、毕业生的专业调研，通过网上问卷、实地走访等方式进行调研，共计搜集企业调研表 50 份，毕业生调查表 300 份，实地走访企业 20 家，对调查的数据进行定量和定性分析，形成机电一体化技术专业调研报告 1 份。召开了机电一体化技术专业建设会议，研讨专业调研结果，进行职业岗位能力分析，并结合工业机器人操作与运维、工业机器人应用编程、工业机器人集成应用、运动控制系统开发与应用职业技能等级标准，完善了机电一体化技术专业职业能力单元模块库，其中新增能力单元 5 个，修订 10 个能力单元适用范围、知识与技能要求及考核建议等。

融入 X 证书职业技能等级标准，重构"5+12（N）"模块化课程体系。依托构建的面向机电一体化技术专业岗位职业能力单元模块库，修订培养目标和培养规格，以共同支持的能力单元为基础，融入工业机器人操作与运维、工业机器人操作编程、运动控制系统开发与应用三个 X 职业技能等级证书，并根据能力覆盖范围情况确定融入 X 证书的等级。按照学生认知规律和职业发展规律，结合拟融入 X 证书职业技能等级标准，将学习领域划分为 12 个模块化课程，每个模块化课程划分 N 个相对独立的课程模块，实现职业技能等级证书与学历证书的相互融通。校企协同开发了服务"1"与"X"的衔接的专业人才培养方案，重构了基于职业工作过程"5+12（N）"模块化课程体系。"5"指运动控制系统开发与应用、工业机器人操作与运维、工业机器人应用编程、机电一体化系统装调工、智能工厂系统应用与维护师 5 个职业岗位群，"12（N）"指对应岗位能力要求的 12 个理实一体的模块化课程，"N"为每个模块化课程包含 N 个课程模块。

开发了模块化课程标准，建设了一批对接"1+X"证书需要的模块化课程教学资源。基于开发的机电一体化技术专业职业能力单元模块库，按照核心岗位工作过程和典型工作任务，将学生职业生涯发展、职业技能等级认定与课程设计融为一体，按照学生兴趣和特长，导入工业机器人操作与运维、工业机器人操作编程、运动控制系统开发与应用等职业技能等级证书标准，开发机电一体化技术专业模块化课程标准。整合机电一体化技术专业现有国家教学资源库冶金行业典型案例、4 门省级精品课程，6 门省级资源共享课程及德国引进的西门子培训包、ACE 实训教学资源，引入了西门子、山钢集团、深圳汇川等行业企业优质培训资源，将工业机器人应用与维护新技术、新工艺、新规范纳入课程标准和课程内容，充分利用清华在线网络教学平台等智能化教学环境，开发了机械基础模块、电气基础模块、液压气动系统模块、电气传动装置应用模块、工业机器人操作运维模块课程、机电一体化系统装调模块、顶岗实习模块 7 个模块化课程教学资源包。

（五）专业教学模式创新

完成了机电一体化技术专业岗位的典型工作任务的整合，确定了职业行动领域，建立了符合专业要求的职业能力知识体系，充分发挥教师的教学特长，使得人才培养质量有效提升。确定 2 个教学班作为试点，实施模块化协同教学模式，聘请企业技术人员开展人才培养方案与专业培养目标的对接研究，进一步明确了职业行动领域，重构基于职业工作过程的课程思政模块、工业机器人装调模块、现代电气控制系统调试模块、智能制造信息技术等"5+12（N）"模块化课程体系。组织开展课程思政教学比赛，同步推进课程思政与专业课程的高度融合，并获得课程思政教学研究成果 1 项。工业机器人状态模块与"1+X"证书紧密结合，2020 年考取相关证书 60 余人次，实现了职业技能等级证书与学历证书的相互融通。在教学实施过程中，充分考虑校企教师的专业技能和特长，配备优秀教师和企业技术员进行授课，保证了人才培养的质量。

实现校企、校际优质教育教学资源的整合，建立了共享"职教名师"和"行业能工巧匠"机制，推动了模块化教学向高质高效方向发展。"线上线下，多师协同"混合式教学模式，依托"5+12（N）"模块化课程体系重构要求，加大校企、校校深度合作交流，三方协同制订教学目标，根据职业技能需求和专业岗位需求，对教学模块进行合理划分，充分考虑"课证融合""课程思政"等元素的融入，明确线上线下培养目标，构建了符合项目化教学的高质量教学资源，并细化教学活动，打造以学生为主，教师为辅的职教教学新模式。"双线互通，实虚互补"的实训教学模式的实施，真正将技能操作训练和虚拟实训搭建有机结合，实现技能和岗位的无缝对接，并利用教学网络平台大数据分析，完成了学生学习行为的全程跟踪。

根据不同教学项目的需要，创新了团队分工协作的教学模式，推动教育信息技术在教育教学中的应用，开展了教学过程监测、学情分析、学业水平诊断和学习资源供给。利用网络教学平台的大数据分析功能，追踪试点学生所学资源和学习行为记录，获取学习行为大数据，通过基于数字资源学习行为的大数据分析功能，全方位掌握学生个体效果和群体教学进程的差异，有针对性的调整教学，实现教师因材施教、个性导学，同时对学生质量进行分析诊断，并将学习效果评价结果、改进建议和参考资源及时推送给师生，满足每个学生的学习需要。

（六）团队协作共同体运行

构建"互联网＋"新型教师教学协作共同体。建立教师教学创新团队"线上教学工作室"，将分散在不同地域的同一个专业的教师基于网络联结起来协同开展专业教学与研究，探索教学团队跨时空、跨地域开展"1+X"证书在线研讨和协同教学的方式方法，构建基于新一代信息技术的"互联网＋"新型教师协作共同体。

成立了校际专业协作联盟。整合资源，发挥各方的积极性，建立多向沟通协同工作机制，根据智能制造产业对工业机器人应用与维护职业标准提出的新要求，调整专业设置与产业需求的对接。对机电一体化技术专业的教学实训及课程建设协同创新，促进产学研一体化发展。及时了解分析区域内经济发展对人才的需求，推进深度校企合作一体化实践办学模式更好的发展，共同开发课程标准，了解企业需求，确定课程内容，更好地与职业标准对接，积极构建在线开放课程校际学分互认体系，推进优质资源共建共享。

构建校际协同创新共同体。以项目联合研究与教学实践创新为抓手，加强校际人员交流，共同探讨、优化、明确培养目标，共同研究工业机器人应用与维护领域人才培养新模式，推进专业设置与产业需求的对接。共同开发专业教学标准、课程标准，开展教学研究，促进教学改革创新。

构建校企命运共同体。在教育部认定的"山东工院—山钢集团'双师型'教师培养培训基地"基础上共建高水平教师发展中心，在人员互聘、技术创新、资源开发等方面开展全面深度合作，引入新技术、新工艺、新规范，促进"双元育人"。团队聘请企业能工巧匠作为兼职教师承担实训教学任务，传授一线生产的技术与经验，利用学院的师资优势，按照企业需求帮助企业建立完整健全的培训体系和培训计划，并对员工进行相关培训，提高企业职工的整体素质

二、团队建设路径归纳

（一）大师引领与国际化赋能，打造高水平结构化双师型教师队伍

1. 引聘专家学者和技能大师，提升教师教学管理和科研能力

落实"引才引智、校企共育、进阶培养、双优评价"四项行动计划，柔性引进专业内知名院士，聘请知名专家学者，发挥其在专业领域的高端引领作用，指导师资队伍建设，开展技术服务，促进高水平科技成果转化。聘请国家著名职教专家、行业企业领军人物等从事教育教学改革课题研究，指导人才培养方案制订修订，深化课程改革，提高教师的教研能力。发挥院士团队领衔、"万人计划""省级"教学名师示范带动作用，以技能大师、首席技师、现代工匠等为核心组建结构化团队，承担政府部门、协会、行业企业及职业院校的技能革新、技术协作、技能研修等项目，实施技术改革，解决技术难题，提升教师的实践能力。

2. 国际化赋能，提升教师育人能力

引入先进的职业教育理念，聘请境外专家担任客座教授，指导专业群建设。搭建教师到境外访学研修、学术交流，培养双语化师资队伍，助力专业群开展国际合作，培养具有先进职业教育理念，通晓国际规则，具备跨文化沟通能力的国际水准教师队伍，为"一带一路"走出去企业服务，为学生境外实习、就业服务，提高教师的育人水平。

3. 校企双元育人，打造专兼结合"双师型"教师队伍

与行业龙头企业共建职业教育"双师型"教师培养培训基地。采取"全员轮训""进企入厂"等多种形式，开展教师实践技能提升培训，培育国家级技术技能大师、职业教育高水平专业双带头人。落实"百名企业家、百名工匠（大师）进校园"行动计划，从行业企业选聘优秀企业家、大师工匠担任学院产业教授、客座教授。聘请"中华技能大师""全国技术能手""金牌工匠""全国五一劳动奖章获得者"等领军型高技能人才，招揽具有绝技绝艺、解决生产技术难题的高技能人才技术特派员，充实到教师队伍中，激发行业企业人员参与教育教学的积极性，打好"组合拳"，形成"战斗力"，校企双方互惠双赢，实现人才共享、资源共享，共同促进专业建设。

（二）"五阶"培养与"四维"培训，构建教师个体发展培养培训体系

1. 实施"五阶"培养

依托教师发展中心的数据管理和评测分析，按照新任教师、合格教师、骨干教师、专业带头人、领军人物五阶段，构建全程化、进阶式教师职业发展培养体系。通过职前教师资格培养、入职职业素养培训、在职参加高级研修班能力提升、下企业实践锻炼等形式，重点在师德师风、教科研能力、创新创业、信息化技术应用、实践能力提升等方面为教师提供分阶段、立体化、渐进式培训，建成大师工作室、名师工作室，搭建技能传承技艺平台，培养一批有突出贡献的中青年专家、职业教育高水平专业带头人和骨干教师，打造职业教育教师教学创新团队。

2. 强化"四维"培训

制订教师能力提升计划，立足学生成长成才，从教学能力、科研与技术服务能力、学生教育管理能力、实践能力四个维度，全方位开展培养培训。实施教师培养"双导师"制，依托企业产业教授、工匠（大师）及专业群教授对青年教师进行"二对一"分类指导，开展"讲好一门课、指导一项技能（含创新创业）大赛、主持一项课题、对接一个企业、结对一名工匠大师"的"五个一对接"活动，提升教师的学生教育管理能力与社会实践能力。通过国内外访学研修、示范课、公开课、技能比武、现代教育技术培训等多种方式，强化教师岗前培训、岗中实践、岗后提升，发挥团队带头人领航者的辐射带动作用，组织学校教师和企业技术人员共同研制人才培养方案、共同制定课程标准和实训条件标准，做到共同备课、切磋经验、观摩研讨，从而产生协同效应，促进教师个人成长和团队成员专业水平整体提升。

（三）制度先行与指标引领，优化绩效激励机制

1. 完善团队建设制度体系

一是进一步完善"双师型"教师队伍建设制度，建立健全分层分类的职教教师专业标准体系，明确新时代"双师型"教师要求。二是地方政府应进一步明确产教融合、校企合作的改革思路。三是围绕团队建设建立完整的制度体系，学校应从团队的目标任务、准入标准、遴选机制、主要职责、保障措施等方面进行界定，对团队建设实行过程监控及目标管理，实现团队合作效益的最大化。

2. 健全教师考核评价制度

实施项目绩效评价管理，开发基于国家级职业教育教师教学创新团队建设绩效的考核评价体系，建立常态化、可持续发展的绩效评估、诊断改进、考核评价和激励奖惩机制。坚持公平公开原则，从教学、科研、生产、实训、创新五个方面实施考核，重点考核教师的教学工作量、教学质量、教学建设、技术开发、工艺革新、科技成果转化等，引导教师找准自身优势和发展方向，提高考核评价的针对性和实效性，实行教师自评、学生评价、同行评价、企业评价等全方位、多形式综合评价模式，激发教师工作动力，全面提升教育教学质量。

3. 优化绩效激励机制

通过重大改革薪酬制度，构建差异化考核评价体系。对在高水平专业群建设技能大赛、社会服务等重大质量工程项目中作出特殊贡献的人员，加大职称评审等权重。制定高层次人才、高技能人才、紧缺人才薪酬管理制度，完善高水平成果奖励办法，积极探索构建以岗位绩效工资制为主体，年薪制、协议工资制、项目工资制等多种薪酬方式相结合的多元化薪酬体系，激发教师工作积极性。

参 考 文 献

[1] 吴振利.美国大学教师教学发展研究 [D].长春：东北师范大学，2010（10）.

[2] 林杰.哈佛大学博克教学和学习中心——美国大学教师发展机构的标杆 [J].清华大学教育研究，2011，32（2）：34-39.

[3] 李茂科.论高校教师教学能力促进机制的构建 [J].教育与职业，2009（15）：50-52.

[4] 刘乃志.操作评语六注意 [J].陕西教育：教学，2010（10）：2.

[5] 乔连全，吴薇.大学教师发展与高等教育质量——第四次高等教育质量国际学术研讨会综述 [J].高等教育研究，2006，27（11）：106-109.

[6] 张昊孚.我国教师发展阶段论 [J].科教文汇（下旬刊），2008（11）：9.

[7] 钟组荣.现代教师学导论：教师专业发展指导（第二版）[M].北京：中央广播电视大学出版社，2006.

[8] 张学民，林崇德，申继亮.论教师教学专长的发展与教师教育 [J].中国教育学刊，2017（5）：69-74.

[9] 朱旭东.我国教师教育制度重建的再思考 [J].教师教育研究，2006（3）：3-8.

[10] 刘丽.校园文化对高校教师发展的影响及其构建 [J].黑龙江高教研究，2007（10）：53-54.

[11] 彼得·圣吉，张成林.《第五项修炼——学习型组织的艺术与实践》[J].紫光阁，2010（4）：63-64.

[12] 陈梦迁.教师权益保障体系分析 [J].教学与管理，2006（1）：17-20.

[13] 杨志兵，戴绯，聂规划.高校教师岗位设置方法与模型研究 [J].武汉理工大学学报（社会科学版），2009，22（3）：107-110.

[14] 郎益夫，陈伟，刘雪莲.研究型大学教师岗位设置系统研究 [J].社会科学战线，2009（1）：226-229.

[15] 王修玲.教师专业成长五需要 [J].校长阅刊，2007（9）：47.

[16] 吴亚秋.高职院校教师教学能力评价指标体系探究 [J].继续教育研究，

2012（5）：67-69.

[17] 何静.高校教师教学能力评价机制优化研究 [J].黑龙江高教研究，2015（1）：95-98.

[18] 张典兵.大学青年教师教学能力的现状与提升策略 [J].教育与教学研究，2013，27（7）：36-39.

[19] 王京文，胡忠望，肖建华.基于多元评价模型构建高校教师综合素质评估指标体系 [J].科技信息（科学教研），2007（22）：193-194.

[20] 王少良.高校教师教学能力的多维结构 [J].沈阳师范大学学报（社会科学版），2010，34（1）：110-113.

[21] 姜奕阳，刘军，姜苹，等.高职院校教师教学能力考核体系的建立 [J].烟台职业学院学报，2012，18（3）：9-13.

[22] 刘慧，王贵成，冯军.高等院校青年教师教学能力评价指标体系与方法探讨 [J].职业时空，2010，6（6）：150-152.

[23] 申继亮，王凯荣.论教师的教学能力 [J].北京师范大学学报（社会科学版），2000（1）：64-71.

[24] 罗树华，李洪珍.教师能力学 [M].济南：山东教育出版社，1997.

[25] 全国十二所重点师范大学联合编写.教育学基础 [M].北京：教育科学出版社，2002.

[26] 蔡宝来，王会亭.教学理论与教学能力：关系、转化条件与途径 [J].上海师范大学学报（哲学社会科学版），2012，41（1）：49-58.

[27] 潘懋元.高等学校教学原理与方法 [M].北京：人民教育出版社，1995.

[28] 余承海，姚本先.论高校教师的教学能力结构及其优化 [J].高等农业教育，2005（12）：53-56.

[29] 腾祥东.谈大学教师新的核心能力结构 [J].中国高等教育，2006（21）：59-60.

[30] 赵菊珊，马建离.高校青年教师教学能力培养与教学竞赛 [J].中国大学教学，2008（1）：58-61.

[31] 林永柏.浅谈高校教师教学能力的构成及其养成 [J].教育与职业，2008（9）：121-122.